Malattia e Santità
Conosci *davvero* te stesso?

ANDREA MACCO - ENRICO IVALDI

Scritto da:
Andrea Macco e Enrico Ivaldi

Prefazione di:
Don Claudio Doglio

Illustrato da:
Laura Livi – Blue Monkey Studio

Le citazioni tratte dai seguenti testi:

Claudio Risè, Il Padre – L'Assente Inaccettabile, Ed. San Paolo, 2003
Giorgio Basadonna, Spiritualità della Strada, Ed. Nuova Fiordaliso, 1999
Il Libro degli Esempi. A cura di: P. D'Aubrigy, Ed. Gribaudi, 1990
Secondo Libro degli Esempi - A cura di: P. D'Aubrigy, Ed. Gribaudi, 1999
Jean Vanier, La Comunità, Luogo del Perdono e della Festa, Jaca Book, 2007

Sono riportate nel seguente testo previa autorizzazione da parte
dell'editore. Gli autori ringraziano per la disponibilità

Gli autori ringraziano tutti quelli che hanno collaborato alla stesura di questo libro: dagli amici che hanno offerto spunti e consigli durante la fase di stesura, a tutti quelli che li hanno accompagnati con la loro amicizia e la loro silenziosa preghiera. In particolare Don Claudio Doglio per i sapienti consigli e per aver arricchito l'opera con la prefazione. Ringraziano poi Corrado Sesselego e Laura Livi per il competente lavoro di consulenti editoriali e in particolare Laura per l'ideazione e la realizzazione dei disegni che vedete in copertina e che vi accompagneranno nella lettura; Emiliano Civiletti per l'impaginazione; Don Bruno Ferrero per essere stato fonte di ispirazione e confronto a riguardo di alcuni racconti e tutti gli altri scrittori che sono stati citati all'interno dell'opera stessa. In particolare ringraziano le case editrici Gribaudi, San Paolo, Jaca Books e Fiordaliso per aver concesso la pubblicazione di alcuni racconti o estratti di opere che troverete in questo libro.

Gli autori restano a disposizione per omissioni in spirito di fraterna collaborazione e si rendono disponibili per commenti, approfondimenti e confronti costruttivi con ogni lettore.

Per contattarli potete scrivere a:

ivaldi.macco@gmail.com

SOMMARIO

PREFAZIONE

A cura di Don Claudio Doglio

Possiamo far finta di essere sani; ma in genere, se non si sta bene, conviene cercare la causa e poi cercare di curare la malattia. A livello fisico, siamo tutti d'accordo. Ma c'è anche un altro livello, che chiamiamo spirituale, in cui le malattie sono frequenti, molto radicate e tremendamente dannose: eppure i più continuano a far finta di essere sani.

Il prezioso lavoro svolto da Andrea ed Enrico, proponendo una lettura spirituale e cristiana dell'Enneagramma, aiuta a guardare con serietà al problema delle malattie spirituali, contribuisce a fare una bella diagnosi, ma soprattutto offre validi consigli terapeutici: l'obiettivo infatti è guarire, non sapere che male ho!

"Non ci riesco, è più forte di me!"

Anzitutto penso sia opportuno superare il preconcetto illuministico, che accomuna Socrate e Freud, secondo cui la conoscenza risolve il problema: se uno conosce il bene, certamente lo fa; se individua la causa del suo male, la difficoltà è superata. La rivelazione cristiana, ma anche l'esperienza comune ci insegna che "vincere il male e fare il bene" è impresa eroica, per cui non bastano le nostre sole forze.

Il grande poeta tragico Euripide fa dire al personaggio di Medea: "So che è male, ma lo faccio lo stesso". È una donna tradita dal marito e quindi furibonda, sente in sé un violento desiderio di vendetta e progetta di uccidere i figli per far soffrire anche lo sposo: sa bene che è un delitto quello che sta per commettere, ma la rabbia è più forte di lei e non riesce a contenerla. Conoscere il problema non la rende capace di risolverlo.

Al dramma dell'umanità viene incontro la rivelazione di Cristo e il grande teologo Paolo di Tarso interpreta in questo modo l'evento salvifico con cui Gesù ha reso possibile risolvere il problema. San Paolo adopera il concetto di "carne" per indicare la nostra condizione istintiva, quel carattere che ci identifica e ci domina. La carne è per ciascuno quella forza che gli fa dire: "Sono fatto così, non ci riesco, è più forte di me". La cura è costituita dal dono dello Spirito Santo, l'altra forza che può operare in noi e renderci capaci di vivere davvero secondo lo stile di Dio. Noi cristiani crediamo che Gesù ci ha dato il "suo Spirito", che è più forte della "nostra carne": quello che non riesco a fare secondo il mio istinto, mi è possibile in forza della sua grazia.

La misericordia è terapia

Papa Giovanni XXIII, aprendo i lavori del Concilio, affermò: «Ora la sposa di Cristo preferisce usare *la medicina della misericordia* invece di imbracciare le armi del rigore». È una mirabile sintesi che ci permette di dire: la misericordia è l'azione terapeutica con cui Dio salva l'uomo e il mondo.

Secondo una antica orazione "Dio rivela la sua onnipotenza soprattutto con la misericordia e il perdono". Ma che cosa significa? L'onnipotenza per noi è indizio di grande forza: poiché nel nostro linguaggio corrente misericordia significa "lasciar correre", dov'è l'onnipotenza? Dio è onnipotente, perché non considera le colpe?

Ha fatto scalpore, ed è stata ripetuta più volte dai giornalisti, la frase di papa Francesco: "Dio perdona sempre, Dio non si stanca di perdonare, Dio perdona tutto". Il rischio è di interpretare questa frase nel senso che Dio lascia correre, non chiede conto, permette che ognuno faccia quel che vuole dal momento che è buono, misericordioso e perdona. Ma non è così.

Dio manifesta la sua onnipotenza proprio perché agisce con la misericordia: è la sua grande potenza, è una potenza d'amore che realizza quello che dice e non è assolutamente il lasciar correre passivo del buon uomo, che accetta tutto; è invece la potenza dell'amore che segna le persone, cambia il cuore, trasforma la vita, cura ciò che è sbagliato.

La "Guarigione" di Matteo, il Pubblicano

Per esemplificare questo principio teologico, richiamiamo l'episodio evangelico della vocazione del pubblicano Matteo (cfr. Mt 9,9). Gesù vede un uomo seduto: è un peccatore, un lontano, un uomo che ha calpestato la propria dignità pur di guadagnare denaro e potere, una persona che non sarebbe mai andata a cercare Gesù. Il Maestro conosce in profondità quell'uomo e prende l'iniziativa; gli dice una parola sola ed imperativa: "Seguimi".

Il racconto va all'essenziale ed è strutturato come un racconto di miracolo: infatti quell'uomo seduto al banco delle imposte è peggio di un paralitico. Dire al paralitico "Alzati e cammina!" e ottenere il risultato, lo percepiamo come miracoloso; dire a un uomo attaccato al denaro "Seguimi" e ottenere obbedienza, non è forse un miracolo? Ecco l'onnipotenza che si manifesta soprattutto con la misericordia: lo sguardo e la parola di Gesù sono efficaci. Non gli si rivolge infatti imbracciando le armi del rigore, ma con la medicina della misericordia, cioè guardandolo con affetto, facendogli sentire che gli vuole bene; ma gli chiede di cambiare, di smetterla, di alzarsi e andare dietro a lui, non dietro ai soldi. Che poi quell'uomo obbedisca è una prova dell'onnipotenza di Dio, è un segno che la misericordia di Gesù cura il cuore malato dell'uomo.

L'esempio trascina: Matteo invita a casa sua con Gesù tanti altri suoi colleghi. È proprio in quella occasione che il Maestro fa una catechesi sulla misericordia e spiega ciò che è appena avvenuto, adoperando la metafora della malattia: "Non sono i sani che hanno bisogno del medico, ma i malati" (Mt 9,12). È una osservazione ovvia: dal medico ci si va quando si è malati e che cosa cerchiamo dal medico? La guarigione! Cerchiamo il modo di curare la nostra infermità e il medico capace è quello che trova la medicina giusta e ci fa passare il male, ci cura la malattia.

Gesù si presenta come il medico e dice di essere venuto per curare. Non è venuto a chiamare i giusti, perché di giusti non ce ne sono. È venuto a chiamare "solo" i peccatori, perché lo sono tutti. Ma è venuto come medico: non per consolare i peccatori e lasciarli nella stessa situazione, ma per offrire a tutti e a ciascuno la possibilità di superare il peccato, cioè di guarire.

Gesù è Maestro, cioè medico

Gesù si presenta come il medico e la misericordia è la sua medicina. Gesù è il maestro della nostra vita e ci comunica il suo stesso stile. Però non è un maestro che dall'esterno offre semplicemente delle regole, norme e insegnamenti sapienziali, come capita con una infinità di altri maestri e guide religiose, che propongono consigli e istruzioni. Gesù è maestro interiore: in forza del suo Spirito, ci forma dal di dentro.

Quindi il suo insegnamento non è semplice informazione su quali iniziative dobbiamo prendere e come bisogna attuarle, ma è formazione e trasformazione. In linguaggio tecnico si adopera al riguardo il verbo *"performare"*. Il ruolo di Gesù è performativo, nel senso che influenza effettivamente e agisce in modo da determinare un cambiamento. La sua parola è efficace. Egli informa, forma e *performa*. Cioè guarisce!

Nella parabola del buon Samaritano l'uomo ferito dai briganti rappresenta tutto il genere umano: la nostra natura è ferita dal peccato, cioè siamo istintivamente inclinati al male. Non siamo però irrecuperabili: la nostra natura può essere curata e noi possiamo guarire. Il Cristo affida all'albergatore accogliente – figura di ogni ministero nella Chiesa – il compito di continuare l'opera da lui iniziata: prendersi cura dell'umanità vuol dire accompagnare i fratelli in vista di una piena guarigione.

Quando papa Francesco paragona la Chiesa ad un "ospedale da campo", allude proprio ad una situazione di emergenza in cui è necessario un impegno per curare i feriti. La stessa immagine l'adoperò Lutero nel suo commento alla Lettera a Romani, affermando che "la Chiesa è il ricovero, l'infermeria per persone ammalate, destinate a essere guarite. Il cielo, invece, è il palazzo dei sani e dei giusti".

I santi sono pienamente guariti; noi invece siamo ancora in via di guarigione. L'atteggiamento indispensabile che permette la salvezza è dunque l'umiltà di riconoscersi ancora ammalato, con l'impegno a vivere bene la convalescenza nel fermo desiderio di diventare sano.

Questa presentazione dei nove tipi di personalità può essere – per chi nutre tale desiderio – un valido strumento per riconoscere la propria malattia e, attraverso saggi consigli, indica un percorso terapeutico: lasciandosi accompagnare, ogni lettore può sentirsi come quell'uomo ferito che è affidato alle cure dell'albergatore, senza dimenticare però che la guarigione è un dono di grazia. E l'unico maestro e vero medico è Gesù.

Claudio Doglio

I PARTE

A cura di Enrico Ivaldi

**A Maddalena e Tommaso,
indispensabili compagni di Viaggio.**

Giuda

Introduzione alla Prima Parte

**Riceviamo dalla nostra famiglia
le idee di cui viviamo
e la malattia di cui moriremo.**

Marcel Proust

Vogliamo addentrarci con questo libercolo in un *campo minato.*

Non è nostro interesse parlare delle malattie del corpo, ma di quelle dello spirito e, in questo universo, di quelle malattie dello spirito che hanno avuto origine fin dalla nostra più tenera età, quando non avevamo ancora la volontà *pronta* alla lotta per conservare la salute del nostro spirito[1].

Sono malattie sostanzialmente incurabili; non si possono eliminare del tutto, ma si possono addolcire e – soprattutto – se ne può trarre un grande beneficio se si impara a dominarne gli effetti.

La ragione della incurabilità è nota: il virus si è annidato in noi fin dai primi istanti della vita[2] (non ci

---

[1] Il linguaggio della prima parte potrà apparire qui e là DURO, a volte RUDE... non vogliamo né spaventare, né offendere la sensibilità di qualcuno su questa o quella dinamica della sua vita! Tuttavia il più grande Medico della Storia, in una delle sue affermazioni più alte, ci ricorda che la Libertà è frutto SOLO della Verità ed è importante imparare fin da bambini, APPENA POSSIBILE, a riconoscere la Verità; crescendo vivremo nella Verità "così come ne siamo capaci", sia riconoscendo l'adesione piena e convinta ad Essa che quando – per le più svariate ragioni – ce ne allontaneremo: quando diciamo una bugia (una verità... distorta?) DOBBIAMO continuare a... raccontare bugie, a noi stessi e agli altri, per "conservare" la prima affermazione *falsa*... ma quando si parla "in verità" si continua ad affermare solo ciò che è vero, senza alcun timore; infatti non si costruisce una casa con... mattoni fasulli, che non sono quello che dovrebbero essere, ma solo con mattoni autentici <u>che sono</u> quello che devono essere!!

[2] Sembra abbastanza definito che tra le cause originanti della nostra personale Malattia ci sia il rapporto che si instaura DA SUBITO con le persone che ci sono più vicine (e cresce, con l'andare del tempo); ma questo non vuol dire che i rapporti con chi ci è così vicino sia così rigido e assoluto! La ripetizione automatica di tutti questi tentativi di adattamento al nostro mondo esterno renderà plastica e, piano piano, solida la nostra personalità: siamo TUTTI sopravvissuti alle "follie" dei nostri genitori!!

sono elementi decisivi per poter ipotizzare un inserimento del virus nel periodo prenatale) e si è rinforzato nei primi anni della nostra esistenza terrena, un tempo in cui *non avevamo ancora* la forza e la volontà di riconoscerlo e di combatterlo.

Il proverbio "Chi è causa del suo mal, pianga se stesso" è applicabile – pur senza nessuna responsabilità – alle nostre malattie; tuttavia il detto popolare *deve* avere, nel nostro caso, una conclusione diversa: non "pianga se stesso", ma "si dia da fare per rimuovere il male"!

Queste malattie hanno nomi molto particolari che non troverete in nessun testo di medicina sia che essi parlino delle malattie del corpo, che di malattie dello spirito.

Sono presenti in ogni uomo, *NESSUNO* escluso; ma è bene dire subito che ogni persona *ne ha una in particolare;* nei diversi momenti della vita, tutte le altre si manifestano ciclicamente, con effetti di volta in volta invasivi o sottilmente creativi. È bene avere coscienza di questi *"passaggi"*: sarà più facile gestirne gli effetti negativi e, in contrario, ricavarne forza e completamento di sé. Le manifestazioni di tutte queste malattie in età avanzata possono produrre effetti di placida maturità; se invece si è abusato di loro, l'effetto sarà devastante e distruttivo (vedi gli Stadi Psicosociali da 6 a 8 descritti da Erickson[3]).

Le malattie sono NOVE e fanno riferimento ai tre Centri presenti nell'uomo: Emotività, Impulsività, Razionalità.

---

[3] Milton Hyland Erickson (Aurum, 5 dicembre 1901 – Phoenix, 25 marzo 1980) è stato uno psichiatra e psicoterapeuta statunitense.

Le Nove Malattie si chiamano così:

Unite

Duite

Treite

Quattrite

Cinquite

Seite

Settite

Ottite[4]

Novite

Più sopra abbiamo detto *quando* il virus delle malattie si è posto dentro di noi; più difficile è esaminare il *come*. Possiamo formulare delle ipotesi (vedi più avanti nell'analisi delle singole malattie), ma non sono importanti per il nostro lavoro perché noi cerchiamo di lavorare sugli effetti della malattia sapendo che dalla malattia stessa si guarirà ESSENZIALMENTE "dopo la morte"; in alcuni rari casi nel corso dei secoli[5] diverse persone sono riuscite a moderare tanto gli effetti della malattia che *sembravano* perfettamente guariti. Lo erano davvero? Forse avevano semplicemente relegato in un angolo della loro coscienza la malattia stessa facendo in modo di averla sempre sotto controllo; un po' come coloro che *"vedono"* accanto a sé altre persone

---

[4] Attenzione a non confondere la Ottite con la Otite, malattia dell'udito.

[5] La coscienza dell'esistenza di queste malattie e del loro devastante effetto è nota da moltissimi anni!

che in realtà sono inesistenti; si può imparare a "tenerle lontane", a non lasciarsi influenzare, ma NON SI POSSONO scacciare del tutto dalla propria mente!

Nei nove piccoli paragrafi successivi affronteremo le varie malattie cercando di comprenderne le cause scatenanti e mettendone in luce alcuni effetti tipici.

Nel seconda parte del libro proporremo alcune piste per combattere le singole malattie; in realtà esiste una sola cura! Essa è diversificata nelle dosi, nel tipo di assunzione e nella tempistica dei risultati. Rimane indubitabile che, essendo malattie che rimangono in noi fino alla morte, è necessario ogni giorno assumere la medicina perché gli effetti non ritornino a disturbare la nostra vita.

Ancora un problema, il più difficile: dobbiamo imparare a non aver paura[6] di riconoscere la nostra malattia e – soprattutto – non dobbiamo pensare di esserne esenti. Un meccanismo tipico dell'uomo è quello che ci fa rimuovere e non ci fa riconoscere di essere *malati-bisognosi-di-guarigione.* TUTTI abbiamo questa difficoltà: ci crediamo *SANI,* rifiutiamo di accettare che in noi *qualcosa* possa essere sbagliato e debba essere cambiato (oppure riconosciamo *"benevolmente"* di essere ammalati, ma senza scendere nello specifico delle malattie o del che cosa andrebbe *concretamente* trasformato).

La persona matura è invece quella che non ha paura delle sue debolezze e ne utilizza la carica emotiva, impulsiva e razionale.

---

[6] Il richiamo alla Verità è una costante della nostra personale e concretissima umanità!

Vada per questo un esempio preso dalle malattie del corpo: un famoso calciatore del Brasile Campione del Mondo, Garrincha, aveva una gamba più corta dell'altra; le sue "finte" erano quindi qualcosa di *naturale*: ha utilizzato una sua debolezza facendola diventare un punto di forza!

"Se incontri il Buddha per la strada, uccidilo!", dice un detto dello Zen... come dire che la prima cosa che dobbiamo toglierci dalla testa è che siano gli altri a scegliere o a fare le cose per noi, anche se sono Maestri di Vita!

A ciascuno di noi di cercare la *NOSTRA personale* malattia e debellarla; solo così si sale alla piena consapevolezza di noi stessi ed alla Gioia di Vivere!

Buon Cammino!!

Unite

Malattia secondaria dell'apparato impulsivo. È una malattia non rara che si manifesta con una predisposizione congenita alla insoddisfazione circa quanto fatto da se stessi e dagli altri. Anche quando il lavoro o lo studio (o qualsiasi altra attività) sono fatti al meglio delle proprie possibilità, quello che la malattia fa mettere in luce è l'imperfezione dell'opera svolta.

È presente in egual misura tra uomini e donne e predispone ad una scelta di vita tipica dell'essere maestro e insegnante poiché *l'insoddisfazione* crea il bisogno di condurre coloro che sbagliano (a cominciare da se stessi...) a perfezione[7].

L'origine di questa malattia è nella relazione con figure genitoriali *mai contente* dei risultati che si portavano:

---

[7] Ovviamente se la persona affetta da Unite è positiva, *incoraggerà* a raggiungere gli obbiettivi; se negativa *non-sarà-mai-contenta* di quanto svolto dagli allievi.

"Hai preso 30 ad un esame difficile? Se studiavi di più potevi prendere la lode...". C'è anche il caso estremo nel quale, nonostante il 30 e lode, il genitore è *insoddisfatto* dell'esame fatto dal figlio e gli dice "secondo me non meritavi la lode" oppure, se non c'è proprio nulla a cui appigliarsi per mostrare la propria insoddisfazione, dice al figlio: "Non ci sono più i professori di una volta...!"

Tuttavia questo viene detto senza nessuna animosità (tipica piuttosto del Secondo Ceppo della Seite), ma con una insoddisfazione radicata.

Tornando all'origine è bene precisare che, al momento dell'incubazione della malattia, questa presentava già un aut-aut che la caratterizza fortemente: "Se voglio ricevere affetto so – a priori – che <u>prima</u> devo fare bene il mio dovere, portare a compimento ciò che mi è stato assegnato": chi è affetto da Unite vivrà nella continua tensione di fare del proprio meglio, ma con la *percezione netta* che in realtà questo è irrealizzabile; e tanto più si impegnerà nella costruzione (in sé e negli altri) di questa dimensione *precisa* e *sicura,* tanto più diventerà invece intransigente, rigido e ipercritico.

La conseguenza diretta è che vivrà perennemente con il paraocchi in una comprensione estremamente ridotta (e riduttiva) della vita per cui ogni decisione al di fuori del "suo pensato e scelto" diventa una eresia.

Gli attacchi di Unite portano a voler puntualizzare subito, con estrema puntigliosità, ciò che ai loro occhi appare impreciso o superficiale, a volte in modo anche un tantino petulante e/o ricattatorio: il *"far notare"* quanto è *fuori posto* è <u>più importante</u> di ogni altra priorità.

Come già accennato sopra, una Vocazione tipica di coloro che sono affetti da Unite è quella dell'Insegnante; tuttavia questo atteggiamento *indicatorio* è tipico anche di altre categorie di persone: i Riformatori della Storia, ad esempio: "Così non va bene, *bisogna* fare cosà".

Duite

Malattia principale dell'apparato emotivo, più presente nel mondo femminile e si esprime in modo pieno specialmente in coloro che hanno un atteggiamento perennemente materno[8].

È molto diffusa e difficilmente sradicabile; la ragione di questa difficoltà è che la cura principale consiste nel... non fare niente!, specialmente quando ci possono essere altre persone che agiscono.

In effetti la Duite è la malattia del "fare", accentuata dalla presunzione di saperlo fare meglio degli altri. Bisogna capire bene le motivazioni che portano a questo atteggiamento: fin da bambini si è capito che si sarebbe ricevuto affetto solo nella misura in cui *si amava per primi*. Il meccanismo che si è creato è che, volendo – ovviamente... – il bimbo attenzioni e coccole,

---

[8] Attenzione! Non stiamo dicendo che l'essere *materni* sia sbagliato! Si invita piuttosto coloro che hanno questo tipo di atteggiamento a *capire* che lo scopo di chi "ama" è aiutare *l'altro* a <u>crescere</u> e NON a <u>dipendere</u>.

ne faceva (o si atteggiava) a dismisura nella speranza di riceverne altrettante. Lo squilibrio psicofisico porta con sé il meccanismo perverso che, se l'altro non interagisce con me con la stessa intensità, io lo considero nemico. Il limite estremo della Duite è che – se non si accondiscende ai suoi desideri – il soggetto sa *odiare* con la stessa intensità con cui sa *amare* e poiché questo avviene con le persone che ama di più, i conflitti così creati lacerano la persona, distruggendola.

Poiché questa è la malattia principe dell'apparato emotivo ne deriva che gli attacchi di Duite sono normalmente improvvisi e subito *acuti*. La malattia porta con sé che ci si accorga *prima degli altri* di che cosa c'è necessità e che ci si dia da fare 1.senza chiedersi se l'aiuto è richiesto e/o desiderato; 2.senza chiedere aiuto ad altri nel fare la cosa; 3.pensando che "__*è indispensabile*__" agire.

Una manifestazione molto evidente e incontrollata della malattia è la conseguenza che porta con sé quando la reazione *degli altri* all'attacco di Duite <u>non è</u> di piena accoglienza dell'aiuto *"donato"*. Difficile dire qui come possa rispondere a questa *provocazione* che viene dagli altri, chi soffre di Duite. Nel migliore dei casi la persona sorride, nel peggiore è anche capace di "rompere una amicizia" SE l'altro non si *sottomette* all'aiuto "dato-con-tanto-amore"... Una *brutta bestia* la Duite: è l'amore che dice di amare... ma lo fa per avere il contraccambio!

Si potrebbe pensare che la persona affetta da Duite sia *semplicemente* superbo; in realtà – purtroppo! – non è solo questo: la persona *sente* che gli altri lo <u>devono</u> "tenere in considerazione" e fa di tutto per essere al centro dell'attenzione. Questo voler essere al centro è così accentuato che la persona fatica molto ad accettare che gli altri non gli prestino attenzione, anche quando il suo intervento non è pertinente.

Se tuttavia qualcuno si avvicina per mettere la persona affetta da Duite al centro delle sue attenzioni, questa ... si sottrae: deve essere lui/lei a *"gestire"* il gioco! Qui più che altrove spunta quindi in modo radicale la superbia, il *Vizio* di Satana: **IO SO** amare e nessuno la sa fare meglio e più di me.

Gli attacchi di Duite portano a fare *subito* del proprio meglio per soddisfare le esigenze degli altri, anche a scapito delle proprie necessità e *anche* quando la cosa da fare "non piace": il *"mettersi a servizio"* è <u>più</u> <u>importante</u> di ogni altra priorità.

Una Categoria *tipica* degli ammalati di Duite la si può trovare essenzialmente in quelli che hanno scelto di *servire* il prossimo; è chiaro che si troveranno, ad esempio, infermieri *anche* negli affetti da altra Malattia, ma sarà diverso il *tono* con cui la persona viene "servita".

Treite

Malattia dissociante dell'apparato emotivo; questo significa che la persona non si percepisce come *emotiva* (rifiuta questa "misura di sé", tende a non mostrare MAI – se non perché *messa alle strette* – di aver bisogno dell'affetto di qualcuno); la malattia si esprimerà facendo assumere alla persona connotati fortemente impulsivi o mentali, non emotivi.

Per quanto poco presente (più negli uomini, meno nelle donne), rappresenta un fenomeno in crescita ed è la Malattia specifica del mondo odierno europeo e nordamericano.

Questo non significa che tutti gli europei e i nordamericani soffrano di Treite, ma che la Società ha questo tipo di *visione del mondo* e quindi è necessario vigilare per non esserne comunque inquinati.

Il bambino che ha contratto la Treite ha avuto da subito la sensazione che gli veniva chiesto di dare prestazioni super: attraverso queste avrebbe ottenuto quell'apprezzamento che tanto lo gratificava;

succedeva però che se non erano tali, percepiva tanta sofferenza nella persona amata – per lui tanto significativa – che ha deciso di raccontare una bugia piuttosto che essere portatore di tanto dispiacere; la reiterazione di questo modo di essere ha fatto sì che il non essere del tutto sincero passava in secondo piano per cui *il colorare diversamente la verità* della sua vita è diventato il metro abituale di comportamento.

Così chi soffre di Treite avrà perennemente una *maschera* sul viso e non si potrà essere mai certi che il volto che si vede sia quello reale o non piuttosto una costruzione artificiosa atta a mostrare "il meglio di sé".

La Treite si manifesta attraverso gesti preparati in modo instancabile con molta attenzione allo scopo di colpire colui che sente o vede quanto sta avvenendo[9]. Quanto più gli avventori saranno colpiti dalle capacità del soggetto, tanto più la persona ne trarrà gloria; in questo caso ne farà una pubblicità esasperata; al contrario, se la cosa "non riesce", minimizzerà ogni risultato meno che ottimo.

Allo stesso modo, se l'opera fatta sarà frutto del lavoro di molti la persona affetta da Treite tenderà a sminuire il lavoro degli altri mettendo in luce solo se stessa, oppure addossandosi la totalità dell'impegno della realizzazione.

Se poi sarà evidente che l'insuccesso è dovuto a lui soltanto inizierà ad attaccare i suoi detrattori mettendone in luce gli aspetti negativi.

Questo spirito si esprime in molti modi, anche con sentimenti di rivalità o comunque nella ricerca di superiorità: avrà sempre qualcosa di *più bello* da far

---

[9] Quindi i "risultati" saranno COMUNQUE *più che soddisfacenti!!*

vedere e farà vedere le cose per averne lode, <u>mai</u> per ricevere approvazione.

Gli attacchi di Treite portano a individuare *subito* (e a farli propri) progetti belli e accattivanti da realizzare senza badare alla fatica e alle risorse necessarie: il *"progettare e realizzare"* è <u>più importante</u> di ogni altra priorità.

Affetti da Treite sono persone che hanno un senso sviluppatissimo nella capacità di portare al successo un progetto; il problema è che tutti coloro che sono così in fondo indossano una maschera: non sai mai se... sono loro o il "personaggio" che interpretano. Faranno bene qualsiasi cosa, la mamma come il manager; tuttavia è una Malattia che si trova in sommo grado in coloro che devono "vendere qualcosa".

Come detto sopra è la Malattia del mondo moderno... Lo si riscontra facilissimamente in certi atteggiamenti *specialmente* giovanili: NESSUNO è più "colpevole" di qualcosa; anche di fronte ad una colpa certa, la Malattia porterà a... giustificarsi: "Ti posso spiegare!", senza tener conto del male arrecato. <u>Non sa</u> *chiedere scusa;* trova... delle "scuse"!!

Quattrite

Malattia secondaria dell'apparato emotivo che porta le persone a rinchiudersi nel loro mondo interiore nella ricerca di un *luogo* che è il loro "unico spazio libero".

È più presente nel mondo femminile, anche se potrebbe sembrare il contrario dato che il mondo artistico[10] ci presenta *essenzialmente* grandi figure maschili, non solo nella Musica, nella Pittura e nella Scultura; ma anche in altre arti come la Cucina.

La malattia nasce dal senso di *abbandono completo* che il bimbo ha percepito: assenza di emozioni, di vicinanza, di affetto; questo crea da subito la percezione che la vita è *tragica* e che solo nella propria ricerca interiore si troverà il *vero modo di esprimere se stessi:* attraverso l'espressione artistica si riuscirà *a trovare posto* in un mondo che – fin dal principio della nostra esistenza! – ci ha rifiutato.

---

[10] Gli Artisti sono *normalmente* le persone più esposte alla Quattrite.

Infatti chi soffre di questa malattia non si sente <u>MAI</u> capito *fino in fondo:* quello che gli altri giudicano una *piccola cosa* ("te la prendi per così poco?!?"), per l'ammalato di Quattrite è invece di importanza *FONDAMENTALE, insostituibile.*

Così la Quattrite si esprime anzitutto come una ricerca di armonia di ogni singolo frammento di vita, nella perenne ricerca di qualcosa (o qualcuno) che non si può possedere appieno; al momento di possedere ci si accorge che non è *proprio* come ci si aspettava[11] e il dramma interiore che ne nasce riporta automaticamente a quel senso di abbandono che è originario. Una caratteristica tipica è il *senso di malinconia* che ammorba ogni azione: ci sarà sempre qualcosa che la rende incompiuta, non nella rigidezza tipica della Unite, ma nella contemplazione estetica tipica dell'Artista.

Gli attacchi di Quattrite portano a *desiderare* subito qualcosa che colpisce la persona[12] creando una aspettativa *"artistica"* della cosa: il *"desiderio... in movimento"* è <u>più importante</u> di ogni altra priorità.

Come più volte detto la figura più tipica affetta da Quattrite è l'Artista, nelle sue varie sfaccettature; è la persona cioè che esprime il suo interiore attraverso

---

[11] Se la persona è *negativa* basterà un nonnulla (ma proprio un nonnulla: i capelli della persona amata pettinati diversamente, ad esempio) per abbattere quel "castello di speranze" che si era costruito...

[12] Non è necessario pensare al "possesso", questo vale anche per i sentimenti più sublimi.

un'opera d'arte. Ovviamente *nessuno* saprà poi davvero "comprendere" quello che l'artista vuole esprimere[13].

---

[13] Non tutti gli Artisti soffrono di Quattrite, ovviamente! Chopin soffriva di Cinquite e Mozart di Settite...

Cinquite

Malattia principale dell'apparato mentale più presente nel mondo maschile che femminile. La Malattia porta con sé la incapacità di comunicare le proprie idee e le proprie emozioni; fa *normalmente* assumere un atteggiamento – ben visibile – di attenzione e osservazione minuziosa, ma non lascia MAI trasparire la rielaborazione di quanto osservato e capito[14].

A volte la Cinquite porta con sé – sembrerebbe una *contraddizione!* – una favella piena, costante e argomentata; questa è un sottoceppo della Malattia perché in realtà la persona dice molte parole, ma non comunica nulla di sé.

La Malattia si è sviluppata perché il bambino ha da subito avuto risposte contraddittorie a fronte delle sue esigenze; ha imparato che "non aveva mai elementi

---

[14] Valga per tutti l'esperienza del matematico che scrive su un margine del libro che ha risolto qualcosa di "irrisolvibile", ma... non lo spiega! *Comunica solo* che lo ha trovato!

abbastanza certi" per essere sicuro dell'attenzione dei suoi e quindi si è reso vigile a tutti i segnali che riceveva per poter analizzare bene e poi scegliere con sicurezza; poiché questo tipo di *pensamento* produceva spesso l'effetto voluto, ne nasce, come conseguenza diretta, che la persona è sostanzialmente *CERTISSIMA* dei risultati a cui arriva e se dà un giudizio su qualcosa è poi praticamente incapace a fare marcia indietro e a modificare il suo parere: *non può dare agli altri un'immagine di sé* come di una persona "che sceglie in modo errato".

Sebbene sia una malattia dell'apparato mentale ha delle punte di emotività davvero notevoli; pur tuttavia questi momenti sono sconosciuti al di fuori della persona, saranno fermati dall'ammalato prima che possano essere colti e non si possono neppure indurre: una vicinanza troppo stretta alla persona affetta da Cinquite creerà un atteggiamento di repulsione *anche* violento verso la persona che si avvicina, anche i figli, anche il coniuge, anche l'amico più caro.

Diversamente se la persona affetta da Cinquite cerca un contatto, si può stare certi che "regalerà la luna" alla persona amata.

Gli attacchi di Cinquite portano a fare un passo indietro per poter analizzare quanto sta avvenendo: il *"capire una situazione"* è <u>più importante</u> di ogni altra priorità.

Questa malattia è tipica di tutti coloro che *scrutano e voglio comprendere* la realtà di fronte a loro; quindi la si troverà presente in particolare negli Scienziati, nei Filosofi e negli Economisti.

Trova un *possibile* terreno fecondo anche nei religiosi di clausura, ma in questa affermazione bisogna essere prudenti poiché *chi sceglie Dio come assoluto della vita* in realtà poi si dimostra come persona che SA e VUOLE condividere l'Amore che ha trovato[15].

---

[15] Nel Vangelo, Maria (la sorella di Marta e Lazzaro) *accoglie Gesù* mettendosi ai suoi piedi e ascoltando la Sua parola (al contrario di Marta che, essendo affetta da Duite, sta in cucina a far da mangiare); ma quello che Maria ascolta _deve_ poi "raccontarlo", diversamente porterà frutto in lei, ma sarà un dono *perso* per il mondo.

Seite

Malattia dissociante dell'apparato mentale; questo significa che la persona non si percepisce come *mentale* (rifiuta questa "misura di sé", tende a non mostrare MAI di essere razionale, se non quando argomenta per giustificare se stessa); la malattia si esprimerà facendo assumere alla persona connotati fortemente emotivi o impulsivi, non razionali.

Malattia molto presente con una leggera prevalenza nel mondo femminile; si sviluppa in due ceppi differenti, ma che hanno la stessa origine: chi contrae il Primo Ceppo si lascia andare al virus senza combattere; chi pensa di debellarlo da solo imponendo al virus del Primo Ceppo di mimetizzarsi, in realtà non se ne libera, ma produce un retrovirus che viene chiamato Secondo Ceppo; la situazione che si crea – quindi – non cura, ma produce un effetto secondario che amplifica il male. La persona, cioè, faticherà ancora di più a *prendere coscienza di sé* e ad incamminarsi sulla strada della guarigione, assumendo comportamenti violenti, di solito a livello verbale, più raramente[16] passando alle "vie di fatto".

PRIMO CEPPO: è la malattia di coloro che sono paralizzati quando devono prendere qualche decisione in modo autonomo, senza *nessuno* che mostri approvazione e li faccia sentire al sicuro. Sono sospettosi per natura e, avendo una radicale sottostima di sé, non sanno accettare complimenti e riconoscimenti; in contrario sanno essere persone di massima collaborazione: sono i "gregari" per eccellenza!

SECONDO CEPPO: malattia che produce un irrigidimento rispetto alle idee e azioni degli altri. Sono persone legate in modo molto stretto a quella che riconoscono come autorità suprema "infallibile" (o, semplicemente, al parere di qualcuno) e questo diventa la loro SOLA verità; è un atteggiamento tipico dei *fondamentalisti* e dei *"bastiancontrari"*.

La Seite nasce nel cuore del bambino come "bisogno di essere" tranquillo e per questo cerca conferma; a questo può essere stato indirizzato anche pesantemente ("perché non hai chiesto, prima di...?"), non è stato abituato ad essere indipendente, non gli si è lasciato lo spazio di poter sbagliare... Così piano piano si è accentuato in lui il desiderio di *essere sicuro* quando fa le cose; non gli importa se gli altri si accorgono o meno dell'errore: lui è una persona che sta alle regole; un comportamento sbagliato fa sorgere un sorta di nausea che "blocca" la persona.

---

[16] Sembra essere così certo fondamentalismo odierno, dove tale atteggiamento è connaturale, sia esso a livello religioso, politico o sportivo.

Gli attacchi di Seite portano la persona a *tirarsi indietro* nel momento in cui una situazione non è più che chiara; se la cosa dovesse riguardare in particolare un amico intimo, il dubbio potrebbe anche essere più forte della fiducia; *"stare nelle regole"* è <u>più importante</u> di ogni altra priorità.

Difficile trovare una categoria di persone affette *normalmente* da questa Malattia... Forse può essere ricondotto qui *l'atteggiamento* di certa burocrazia, che sta alle regole anche in modo smaccatamente *oppressivo:* "Faccio solo il mio dovere!". In contrario persone affette da Seite mostrano anche un volto "accogliente": la vicinanza degli altri li fa sentire *al sicuro*.

Settite

Malattia secondaria dell'apparato mentale, molto diffusa con una maggior preponderanza per l'ambiente maschile. Il virus si è inserito fin dai primi istanti poiché è tipico di chi ha avuto problemi fin dalla nascita, a volte anche come frutto di una gravidanza o parto difficile; la conseguenza di tutto ciò è che la persona pensa *esclusivamente* ad ingozzarsi (non solo di mangiare, ma di esperienze, amicizie, ingurgitate senza troppa attenzione alle persone e/o alle cose) perché – questo è il suo *ragionamento* – "è meglio prenderne finché ce n'è perché non si sa quando ce ne sarà di nuovo l'opportunità".

La caratteristica dominante positiva della Settite è la giocondità. Strano che questo possa apparire come una Malattia... Lo diventa nel momento in cui la Settite porta ad essere superficiali, riluttanti all'impegno ed *esageratamente* scanzonati, incapaci di farsi carico della benché minima fatica, anche quando questo significherebbe sacrificare qualcosa per i propri amici.

Ovviamente tutto ha una valenza comunque positiva perché la persona sa portare allegrezza nell'ambiente dove è, ma – se la Malattia è al centro dei suoi pensieri – il rischio è che tutto venga rovinato da questa sua estrema superficialità; ad esempio sa bluffare in modo splendido, ma questo suo *scherzare a tutti i costi* può non essere adatto alla situazione che sta vivendo e questo inquina ogni altro atteggiamento.

Come per il malato di Seite, anche per l'affetto da Settite non esiste una Vocazione più specifica; sicuramente però è innata in lui la capacità di organizzare feste e di esserne un animatore instancabile. Questo può essere il suo contributo più coinvolgente.

Ottite

Malattia principale dell'apparato impulsivo. L'origine di questa malattia abbastanza presente – molto nelle figure dominanti, specie nei maschi (ma non raro nelle femmine che, a volte, perdono anche un tantino il senso della loro femminilità a vantaggio di un atteggiamento forte e deciso) – è data dalla caparbietà con cui il bambino ha imparato fin da subito che *avrebbe ottenuto* quanto richiesto nella misura in cui la sua volontà era prevalente rispetto al mondo intorno a lui. Questa caparbietà fa sì che chi soffre di Ottite abbia un carattere duro e tenace perché vuole tenere fede a questa solidità della sua persona e reagisce con durezza per difendersi dal mondo esterno che giudica come un nemico.

La Ottite porta la persona ad agire prima di pensare con il rischio di distruggere prima di comprendere che era possibile "salvare qualcosa": è la malattia del Giustiziere che condanna senza appello[17].

Normalmente si esprime in modo diretto, senza pensare a chi ha di fronte e senza rendersi conto di quale reazioni può scatenare nella controparte.

Gli attacchi di Ottite portano a *reagire con forza* subito per mettere la propria autorità come garante della Giustizia. *"Fare le cose con autorevolezza"* è più importante di ogni altra priorità.

Se la persona è ancora succube degli effetti devastanti della sua Malattia la sua *autorevolezza* acquisterà connotati di violenza, sopraffazione e vendetta. Diversamente, la lenta guarigione dalla Ottite porterà gli effetti benefici di rendere la persona davvero come *Difensore dei deboli*.

Per questo si possono riconoscere nella storia come "affetti da Ottite" figure di spicco come i grandi condottieri della Storia: con la loro forza hanno *motivato* quei "deboli" che stavano *conducendo*.

---

[17] Condanna anche se stesso, senza appello...

Novite

Malattia dissociante dell'apparato impulsivo; questo significa che la persona non si percepisce come *impulsiva* (rifiuta questa "misura di sé", tende a non mostrare MAI – se non perché *messa alle strette* – di essere impulsiva); la malattia si esprimerà facendo assumere alla persona connotati fortemente emotivi o mentali, non impulsivi.

Malattia molto diffusa specie tra i maschi, molto raramente nelle femmine. È presente in misura consistente in alcuni paesi del sud del mondo e, normalmente, là dove l'assistenzialismo ha fatto in modo che generazioni di persone abbiano delegato ad altri il "fare le cose".

L'origine della malattia è quantomeno strana: il bambino è cresciuto in un affetto talmente smisurato da non dover mai pensare a cosa desiderava... che subito la aveva[18]!

Tutto ciò porta all'*effetto* che tanto amore produce una incapacità cronica a due cose: 1.affrontare i conflitti; 2.muoversi all'azione perché "non se ne vede la necessità".

Fatte salve queste due dinamiche così accentuate, chi porta in sé questa malattia ha in realtà una visione del mondo estremamente positiva ed è quindi cronicamente in attesa che i problemi sorti... si risolvano da soli.

La Novite porta con sé la percezione che "c'è sempre tempo" per realizzare le cose e – quindi – non serve affannarsi; la persona avrà la tendenza innata a rimandare a domani quello che poteva essere fatto oggi.

E domani, ovviamente, avrà lo stesso pensiero...

Sembra di poter riconoscere una certa somiglianza tra la Settite e la Novite; in realtà la differenza radicale è che la Settite "costringe" la persona a *cercare* le proprie esperienze di giocondità, passando da una all'altra, senza sapersi fermare su nessuna; al contrario per la persona affetta da Novite, questo non avverrà mai: vivrà le esperienze se capiteranno nella sua vita, altrimenti... ne farà a meno! Troppo faticoso "cercare" la felicità!!

Sul piano relazionale la persona è un orsacchiotto, ma la sua *paura del conflitto* la porterà a non esprimere

---

[18] È inappropriato dare la stessa valutazione per le persone del Terzo Mondo; si dirà piuttosto che l'abitudine inveterata ad *attendere l'aiuto* ha fatto sì che si creasse nelle persone una mentalità *di attesa*: "qualcuno-lo-farà-per-me".

mai le proprie esigenze e quindi, non si saprà mai davvero quello che la persona vuole: tenderà ad adattarsi anche quando non le piace; tuttavia una somma (indefinita...) di contraddizioni la faranno esplodere in recriminazioni incontrollate. Ripreso il controllo tutto comincerà come prima, come se niente fosse successo, lasciando magari l'altro nella incapacità di andare a fondo del contrasto perché l'affetto da Novite – comunque – lo sfugge.

Gli attacchi di Novite portano a *NON-fare* quanto necessario: *"aspettare il momento opportuno"* è <u>più importante</u> di ogni altra priorità.

Persone così sarebbero le migliori a cui affidare il *destino del mondo* perché la loro visione delle cose ha bisogno di pace e loro *si attivano* se la loro pace è messa in crisi. Purtroppo però, avendo una netta sottovalutazione di sé e temendo di dover faticare troppo, penseranno di essere i meno adatti e... declineranno l'invito!

L'affetto da Novite porta con sé il dono grande della Pace; se sa rinunciare alla *sua* pace, sarà super-attivo nella *propagazione* del bene. Fra gli affetti da Novite possiamo mettere tutti coloro che *avrebbero voluto* rimanere nella loro pace, ma si sono mossi – anche senza sosta – nella costruzione della Pace.

La Piaga

(Esiste la Diecite?)

A volte si trovano soggetti che *sembrano* non avere nessuna idea della loro Malattia Mortale e vagano più o meno indecisi tra una Malattia o l'altra in una ricerca indefinita, senza concludere nulla.

Dopo un po' ti/si chiedono: non avrò la Diecite?!?

Sorridendo al loro gioco di parole, si risponde che tale Malattia... non esiste! Tuttavia il problema rimane ed è serio: è DAVVERO possibile che le Malattie siano solo Nove e non invece di più, magari di numero "indefinito"?

La risposta più semplice fa riferimento ad altre realtà umane: la musica, ad esempio: le note sono *solo* sette e si continua a scrivere musica dopo che centinaia di migliaia di pezzi sono già stati scritti! Abbiamo pezzi grandi o piccoli, piccole canzonette come opere liriche immense; e <u>tutte</u> originate da quelle *sole* sette note, sapientemente armonizzate.

Come quindi un'opera d'arte imperitura nasce dal Contrappunto di pochi elementi diversi e spesso in contrasto, così l'Uomo evolve nella misura in cui sa accogliere in sé le sue diverse potenzialità cresciute con lui, siano esse frutto di una *pacifica coesistenza* come di una *lotta senza quartiere*.

Normalmente è chi soffre di Cinquite a non saper/voler riconoscere la sua Malattia e per questo cerca una scappatoia per poter costruire la sua Malattia *come vuole,* ma... sarebbe *meno peggio* una Diecite?!? Mah!!!

Ergo, non facciamo gli "sciacqualattughe": la Diecite <u>NON ESISTE</u>!

Complicazioni

Le malattie che noi consideriamo come *spiritualmente mortali* per l'uomo sono SOLO nove e non ve ne sono altre.

Tuttavia vi sono alcune complicazioni che vengono a turbare il semplice cammino di guarigione; infatti nel decorso di ognuna delle Nove Malattie si inseriscono due Agenti Patogeni che interferiscono, a volte in modo netto, a volte in modo blando. Non sono elementi nuovi! Entrambi i Patogeni sono due delle altre malattie già indicate, che <u>si sovrappongono</u> alla nostra malattia *"tipica"*.

Il Primo Agente Patogeno è congenito alla propria malattia; influenzerà <u>fin dal principio</u> in modo più o meno radicale il decorso della malattia originaria, a seconda della influenza avuta nella crescita e dello spazio che gli avremo concesso.

Il Secondo Agente Patogeno si inserisce invece ad un certo punto della nostra cura senza una apparente ragione. La sua influenza a volte offusca addirittura la nostra malattia mortale, non tanto perché la inibisce, quanto perché si manifesta in modo più spontaneo e creativo con scariche improvvise e – tutto sommato – incontrollabili.

Se il Primo Agente Patogeno si può controllare efficacemente in quanto si sa che si accompagna alla nostra malattia fin dal principio, sul Secondo bisogna vigilare con accortezza per inibirne gli effetti a volte devastanti e, se possibile, trarne arricchimento; in effetti la conoscenza del fenomeno aiuterà a debellare i successivi attacchi del virus.

Normalmente quando il Secondo Agente Patogeno ha terminato la sua influenza, sembra strano dirlo, lascia la persona più forte. Il problema non da poco è che attacchi di questo genere sono comuni a tutte le Malattie e quindi, sarà sempre necessaria una sorta di attenzione perché il Secondo Agente Patogeno non destabilizzi la persona. Teniamo conto tuttavia che alcuni di questi agenti portano languore, altri freddezza, altri imperiosità; sarà quindi importante avere chiare TUTTE le Nove Malattie per essere pronti a contrastarne gli effetti negativi.

In questo senso esiste anche un *modo di dire* della Malattia e, nei vari momenti della propria esistenza, sarà normale dire – ad esempio – "Ho un attacco di Ottite" (di Novite, di Cinquite, eccetera).

SE la persona è in cammino di guarigione dalla propria malattia, sarà più facile contrastare gli effetti negativi del Secondo Agente Patogeno; al contrario questa intromissione dell'Agente non farà altro che accentuare la gravità della Malattia Mortale.

Inutile qui ripete quanto già espresso nei paragrafi precedenti; ad essi rimandiamo per comprendere meglio di quale fattezze è fatto un Secondo Agente Patogeno.

Conclusioni prima parte

Abbiamo affrontato – sommariamente – un Cammino arduo ed impegnativo: mostrare come l'Uomo porta in sé fin dalla nascita una immagine perfetta della somiglianza con Dio e, al contempo, il segno del Peccato che divide l'uomo in se stesso.

Può sembrare una presunzione ricondurre tutto a nove "semplici" malattie… In realtà i Maestri di Vita Spirituale (da Evagrio Pontico in poi) mostrano come questi "spiriti cattivi" sono davvero parte dell'uomo che deve imparare a moderarli e custodirli: sono i Sette Vizi Capitali che, nella storia della spiritualità, hanno avuto una loro catalogazione normalmente uniforme.

Un elenco attuale dei "Sette Spiriti Cattivi" è il seguente: Ira, Superbia, Invidia, Avarizia, Gola, Lussuria e Accidia[19].

Come si può vincere un avversario tanto potente che si annida addirittura dentro di noi e ci inibisce nei comportamenti?

La parabola evangelica della "zizzania nel campo" ci invita ad essere persone di speranza: il grano e la zizzania possono crescere insieme, ma solo il primo verrà conservato al momento della mietitura.

---

[19] Evidentemente mancano… due Vizi se le malattie sono Nove!! Ma la risposta è semplice perché l'Accidia si può manifestare in tre modi differenti: come *Pigrizia nello sviluppare il proprio "vero" Io*, come *Pigrizia nel confidare in se stessi*, come *Pigrizia nell'essere consapevoli di sé*.

Tuttavia è vero che più il grano sarà forte e rigoglioso, tanto meno vi sarà spazio per la zizzania in noi.

Ecco allora il passaggio alla... Cura per queste Malattie!

Dicevamo al principio che la Cura ESSENZIALMENTE è una sola: si chiama Preghiera ed è un elemento talmente "stabile" nella vita di ogni uomo che TUTTE LE RELIGIONI la danno come esperienza necessaria e insostituibile della crescita spirituale: ogni persona avrà un *suo* modo personale di pregare, ma è indispensabile fare esperienza di <u>questo</u> Strumento, ricordando quanto diceva il Mahatma Gandhi: "Il cibo non è così necessario per il corpo, quanto la preghiera lo è per lo spirito".

Vediamo allora da vicino queste Cure; ogni Malattia ha la sua specifica.

Buon passaggio alla Seconda Parte!

II PARTE

A cura di Andrea Macco

A tutti i medici dello spirito
che si rifanno al primo grande medico,
Gesù Cristo, il Nazzareno, il falegname dei cuori.

Ai medici che mi hanno istruito
sulle malattie della mia anima
e dell'anima dell'uomo.

E a quelli che mi hanno aiutato
e mi stanno tutt'oggi aiutando
a combatterle e a curale:

Dio completi in me e in ogni uomo l'opera iniziata.

Ai compagni di "revisione di vita"
e alle loro bellissime famiglie

(Sara & Francesco, Emanuela & Marko, Lucia & Andrea,
Marcella & Ivan, Luca & Rosa Maria, Ilaria, Renzo)

Forte come la morte è l'Amore

(Ct 8,6)

«Quando tutto sembra cancellato,

allora parti per l'avventura:

apriti la strada con coraggio.

Quando ti sembrano cancellati

l'entusiasmo, la speranza, l'amore,

questi tre sentimenti meravigliosi,

allora parti per l'avventura con coraggio.

L'avventura della tua vita.

Questa tua vita, oggi, qui, con questi pesi.

Questa materia con cui si costruisce

il miracolo di una cattedrale di gioia.»

[Tratto da: Giorgio Basadonna, Spiritualità della Strada,
Ed. Nuova Fiordaliso, 1999]

Introduzione alla
Seconda Parte

Com'ero buffo quand'ero burattino!

C. Collodi – La avventure di Pinocchio

Solo chi cresce e si mette in gioco può voltarsi indietro e non aver paura del passato. Ma scorgervi un motivo di gioia, di stupore.

Nel fare strada possiamo essere soli, in compagnia, con o senza guida. Possiamo essere persone che vanno a fiuto o invece persone che consultano ad ogni curva la mappa; persone che vogliono sempre fare di testa propria o, anzi no, persone che devo sempre chiedere indicazioni a chiunque incontrano lungo la via. Persone che, se possibile, si aggregano e persone che, invece, in gruppo stanno male. Persone che senza la guida, certificata e doc, non muovono manco un passo, persone che della guida credono di non aver bisogno nemmeno per il passaggio esposto di sesto grado. Quale il giusto modo di procedere (sempre che esista un modo unico)?

Vorrei camminassimo insieme, amico lettore, in un'ottica non di "insegnante-allievo", ma piuttosto in quella di "compagni di cordata". Vorrei che in queste pagine usassimo il più possibile lo "stile di Dio", così differente dal nostro egocentrico modo di pensare e di agire: il Maestro Gesù è tutto fuorché un insegnante cattedratico, borioso e dogmatico. Il suo insegnamento, verrebbe da dire, è tutto sperimentale: è l'insegnare di chi si mette all'opera per primo, con le mani in pasta ma anche con gli scarponi ferrati, quelli che non ti fanno cadere nelle insidie, nei trabocchetti dell'uomo ambiguo o insipiente. Inoltre – altra caratteristica importante che si cercherà di riprendere in altri capitoli (ad esempio quello dedicato alla Seite) – è la capacità di mai umiliare adottata dal Rabbì Gesù. Alla base di tutto c'è la sua immensa, totale fiducia nelle potenzialità che sono in ognuno. *Completare l'opera delle mani di Dio*, ossia portare alla pienezza la vita dell'uomo: in questo si incarna lo stile di Dio, fatto di fedeltà e amore[1].

Che ne dici, allora, se iniziamo con un racconto ed un passo del vangelo (sarà lo stesso binomio che si adotterà nei prossimi capitoli) perché possiamo entrambi – autore e lettore – comprendere bene le caratteristiche del terreno che stiamo per affrontare, l'equipaggiamento necessario, lo stile della camminata?

Icaro: imparare a volare

Nato ad Atene e pronipote del re Eretteo, della stirpe di Cecrope, Dedalo era abilissimo in tutto ciò che faceva. Le sue statue sembrava che avessero qualcosa di magico: qualcuno sosteneva di averle viste muovere gli occhi o addirittura camminare. Ad essere davvero magiche, tuttavia, non erano le statue, ma le mani di

---

[1] Due salmi utili da prendere in mano su questo stile di Dio sono il Salmo 138 [137] (versetto 8 in particolare) e il Salmo 25[24]. D'altra parte anche le parole di Gesù confermano più volte il suo modo di procedere e il suo scopo: "Imparate da me, che sono mite e umile di cuore..." (Mt 11,29); "Io sono venuto perché abbiano la vita e l'abbiano in abbondanza" (Gv 10,10).

Dedalo: le sue opere strabiliavano chiunque le vedesse; presto la sua fame si diffuse fuori dai confini della Grecia.

Fu così che uno dei più potenti re del Mediterraneo, Minosse, decise di chiamare Dedalo nella sua isola, Creta. Solo un uomo del suo ingegno avrebbe potuto trovare una soluzione alla grande disgrazia capitata al sovrano: la nascita di un figlio degenere. Per vendicarsi di un affronto fatto da Pasifae, moglie di Minosse, al toro protettore dell'isola, il dio Poseidone aveva trasformato il figlio del re nel Minotauro: un uomo con la forza e con la testa di un toro che nessuno era in grado di dominare né di fare ragionare. Il Minotauro seminava il terrore nella corte e nel regno di Minosse: Dedalo capì che l'unico modo di proteggere gli abitanti senza ucciderlo era rinchiuderlo in una prigione che fosse, come desiderava il sovrano, comunque degna di un principe. Dedalo ideò un'opera destinata a fama imperitura: il Labirinto. Per realizzarla portò con sé il figlio Icaro.

L'opera richiese molti mesi di duro lavoro e nessuno era a conoscenza per intero del progetto se non Dedalo ed Icaro. Quando fu terminato, il Labirinto si presentava come un enorme palazzo con l'accesso al piano terreno ma con la maggior parte delle stanze sottoterra: scale, corridoi, passaggi nella roccia e a strapiombo sul mare, stanze immense e camere anguste da cui si aprivano su ogni lato diverse porte. E poi gallerie, grotte e ancora stanze e scale: un intrico capace di confondere e far perdere l'orientamento a chiunque. Chi vi entrava era destinato a mai più trovare la via di accesso.

Nel Labirinto venne così rinchiuso il Minotauro: vi avrebbe trovato tutto ciò di cui poteva aver bisogno e avrebbe ricevuto periodicamente schiavi, prigionieri e condannati a morte a soddisfare la propria sete di sangue. Successivamente sarebbero stati dati al Minotauro, ogni anno, quattordici ragazzi ateniesi, come tributo imposto dallo stesso Minosse ad Atene per l'uccisione dell'altro suo figlio, Androgeo. Ma questa è un'altra storia.

Quando il Labirinto fu ultimato, constatando la soddisfazione del re, Dedalo chiese il permesso di congedarsi e fare ritorno alla sua patria. Ma Minosse, che già sapeva che quel giorno sarebbe giunto, fece arrestare immediatamente Dedalo e suo figlio e li fece rinchiudere nel Labirinto: solo loro conoscevano il segreto del Labirinto e con loro il segreto sarebbe morto.

Padre e figlio caddero nella disperazione: cercare una via di fuga era impossibile e se si fossero imbattuti nel Minotauro la loro sorte sarebbe stata segnata.

Tuttavia Dedalo non si diede per vinto: trovò la via che conduceva ad alcune sale che si trovavano a strapiombo sugli scogli del mare e che dunque non avevano le pareti laterali né il soffitto e lì ebbe un'idea. Gettarsi in mare e sopravvivere sarebbe stato impossibile ma, guardando gli uccelli che volavano sopra quelle stanze, l'architetto capì che sarebbe potuto fuggire, con suo figlio, volando!

Dedalo ed Icaro recuperarono del legname da alcune stanze e lo utilizzarono per realizzare due telai su cui attaccarono poi, come rivestimento, le penne che gli uccelli, volando, avevano perso. Mentre raccoglieva il materiale, Dedalo spiegava: «Quando queste ali saranno ultimate, Icaro, le fisseremo alle spalle e alle braccia con della cera... Poi fuggiremo volando!»

«Padre, tu sei un genio: sarà meraviglioso essere nuovamente liberi!» disse Icaro.

Ci volle poco tempo perché le ali fossero ultimate. Dedalo fissò le ali al suo corpo e poi assicurò quelle di Icaro, raccomandandosi: «Figlio mio, ricorda! Se voleremo troppo in alto, il calore del sole fonderà la cera: se voleremo troppo in basso, l'umidità farà appesantire le ali. In entrambi i casi non potremo più volare: resta dunque a mezza altezza... e seguimi!»

«Farò come dici» lo rassicurò Icaro.

Poco dopo i due presero il volo, lanciandosi dalla scogliera e lasciando alle loro spalle il Labirinto, Creta e il tiranno Minosse.

«È stupendo!» gridava mentre volava il giovane Icaro; Dedalo gli ricordava: «Stammi vicino!», ma Icaro iniziò a non più guardare in basso, né a seguire il padre: teneva gli occhi fissi verso il sole... avesse potuto arrivare lassù! Raggiungere il cielo e forse anche le stelle! Rapito da questo desiderio, il giovane cominciò a puntare verso l'alto, muovendo con forza le braccia, salendo, in su, sempre di più.

«Dove vai, Icaro?» gridò Dedalo appena vide che il figlio si stava allontanando. «Fermati! Torna in basso!» Ma Icaro era sordo alla voce del padre, e volò sempre più in su, sempre più in alto ... finché il calore del sole, sempre più intenso, non iniziò a sciogliere la cera.

Le piume si staccarono e con un grido di disperazione Icaro precipitò giù a capofitto, finendo in mare. Dedalo vide il corpo del figlio sparire tra le onde, inghiottito dal mare. Fu questo il caro prezzo che Icaro dovette pagare per il suo folle sogno.

Dedalo volò a lungo sopra le onde nella speranza che il figlio fosse sopravvissuto, ma sapeva bene che il telaio che aveva realizzato impediva di nuotare, inoltre vista l'altezza da cui era precipitato, probabilmente Icaro era morto nell'istante stesso dell'impatto con l'acqua. Alla fine Dedalo lasciò perdere la ricerca, o lui stesso sarebbe morto a causa dell'umidità che stava iniziando ad appesantire le sue ali. E così, inconsolabile, fece ritorno in Grecia; ma da allora il mare nel quale Icaro cadde prese il nome di Icario; come Icaria si chiama l'isola che il giovane sorvolò, mentre compiva il suo ultimo folle volo verso il sole.

Il succo del racconto sta in questa raccomandazione di Dedalo: «*Ricorda che se voleremo troppo in alto, il calore del sole fonderà la cera: se voleremo troppo in basso, l'umidità farà appesantire le ali. In entrambi i casi non potremo più volare: resta dunque a mezza altezza e seguimi!*»

È un invito ad abbandonare le proprie aspirazioni di grandiosità, così come quelle di bassezza. La "dismisura" tipica dell'adolescenza non salva la vita, il volare alla giusta altezza sì[2]. Non è semplice, ma è essenziale.

Quando si vola può essere quindi importate avere un compagno, ma esso non ci può né frenare se decidiamo

---

[2] Queste idee sono riprese e sviluppate da Claudio Risè in «Il Padre – l'assente inaccettabile» ed. San Paolo, 2003. Vi si legge ad esempio questo pensiero che andrebbe lungamente meditato: «*Occorre rinuncia alla grandiosità narcisistica, alla fantasia di onnipotenza sempre in agguato, fino a quando la condizione psicologicamente adulta non sia veramente conquistata. Occorre dunque stare bene attenti a non alzarsi troppo, per evitare di far fondere la cera delle ali, e precipitare. Senza tuttavia volare troppo bassi, bagnarsi le piume e affogare. La posizione di mezzo, tra cielo e terra, cui è legata la vitalità dell'essere umano è quella del massimo potere su di sé, perché in essa l'individuo è in contatto sia con le forze elevate, spirituali, sia con quelle materiali, della terra.*»

di andare troppo vicini al sole, né sollevare se stiamo per finire in acqua[3]. La sua voce ci fa da compagna. E mentre essa offre consigli, li testa su di sé e impara in prima persona come si fa a volare. A sua volta chiede aiuto, si confronta, si mette in gioco. Insomma, non sta mai passivamente a guardare[4].

In questa parte del libro saremo in due a indossare le delicate ali di cera di Icaro, per slanciarci dal labirinto delle nostre fatiche e del nostro passato, e lasciarci allo spalle il minotauro della nostra infermità. Destinazione? Ovvio: la libertà.

Un Dio che si «converte»

In quel tempo Gesù disse: «Ti rendo lode, Padre, Signore del cielo e della terra, perché hai nascosto queste cose ai sapienti e ai dotti e le hai rivelate ai piccoli. Sì, o Padre, perché così hai deciso nella tua benevolenza.

---

[3] Ci sono compagni affetti anche loro da malattie (vedi Ottite, Unite e Duite in particolare) per cui occorre trasformare il non può in non deve. Per questi amici la possibilità di offrire un aiuto diviene infatti un dovere, un impulso irrefrenabile. Ciò porta ad un eccesso di invasività che, oltre a limitare le scelte di uno degli aspiranti viaggiatori, può essere pernicioso per la salute di entrambi i malati... Ricordiamocelo, non è con uno zoppo cronico che si impara a camminare bene!

[4] Osserva: l'atteggiamento di questo compagno di viaggio è assai diverso dal caso dello zoppo cronico (vedi nota 3). Lo zoppo, infatti, se doveva imparare a camminare ormai ha avuto le sue chance per apprendere: probabilmente c'è anche stato un tempo in cui ha pure camminato senza (troppe) storture, ma poi, ora la vita, ora il proprio ego, ora i vizi, ora i virus di malattie mai combattute hanno prevalso su uno sviluppo sano ed equilibrato. Ora solo un miracolo può salvarlo. (*Nota Bene*: questo libro crede molto ai miracoli; nella medicina dello spirito sono parecchi i casi accertati).

Tutto è stato dato a me dal Padre mio; nessuno conosce il Figlio se non il Padre, e nessuno conosce il Padre se non il Figlio e colui al quale il Figlio vorrà rivelarlo. Venite a me, voi tutti che siete stanchi e oppressi, e io vi darò ristoro. Prendete il mio giogo sopra di voi e imparate da me, che sono mite e umile di cuore, e troverete ristoro per la vostra vita. Il mio giogo infatti è dolce e il mio peso leggero».

(Mt 11,25-30)

Anche Dio, l'Onnipotente, l'Onnisapiente, l'Onnisciente, colui che tutto può e tutto sa, *si converte!*

Dio decide di cambiare. Decide in qualche modo di limitare la sua infinita libertà.

La prima volta che mi hanno fatto riflettere su questo fatto[5] mi è sembrato impossibile che fosse così. Ma la sfida del Dio-Gesù Cristo è anche la novità di Dio. Pensiamoci. Nelle altre religioni avete mai sentito di un dio che assume la natura umana? Al massimo erano gli dei ad avere caratteristiche umane perché proiezioni della mente dell'uomo. Gli dei greci e romani (ma anche quelli di tante altre civiltà) ragionano con criteri simili a quelli dell'uomo: vendetta, gelosia, collera... sono

---

[5] Il Cristianesimo non è una filosofia, né uno stile di vita, né una scuola di pensiero. Non è neppure il Vaticano, né tantomeno un insieme di norme e precetti, salutari o meno che li possiamo ritenere. Oggi va assai di moda identificare il cristianesimo con tutte queste cose, ridurlo, al più, ad un insieme di buoni principi basati sul "vogliamoci bene". Ma il Cristianesimo non è nulla di tutto questo. Il Cristianesimo, per dirla con Don Luigi Giussani, è una cosa sola: è *l'evento Gesù Cristo*. Il Cristianesimo, in definitiva, si basa su *fatti*, sostenuti dalla *ragione*, resi vivi e fecondi dalla *fede*.

degli dei affetti da malattie congenite, uniti, seiti, ottiti e noviti permanenti. Insomma, la peggior specie di pazienti che potrebbe capitare.

Diverse persone che vedono Gesù come una invenzione della Chiesa e dell'impostura di preti pensano che anche per il cristianesimo valga la stessa cosa.

È tuttavia sufficiente leggere qualche pagina del Vangelo per accorgersi di come Gesù porti una profonda novità, che spiazza tutti quelli che gli stanno intorno, i fedelissimi apostoli in primis.

Facciamo allora un esperimento, ci state? Affrontiamo la lettura del vangelo con gli occhi di uno che voglia dimostrare la seguente tesi: *Gesù è invenzione degli apostoli, dei discepoli e di qualche devoto scrivano.* Se la tesi è vera, che ci aspettiamo? Ovvio, che siamo presenti ovunque delle conferme al fatto che essi, i devoti scrivani e i pii seguaci, siano quelli che hanno ricevuto l'illuminazione, che fin da subito hanno capito tutto e che a ragione possono dirsi depositari di quella rivelazione.

Ha inizio la lettura. Toh guarda, il marito di Elisabetta resta muto perché ha fatto arrabbiare un angelo... (cfr. Lc 1, 5-20). Ma sì, piccolo incidente, ancora Gesù non è in campo, aspetta i primi "effetti speciali" dei miracoli! I miracoli arrivano, ma non hanno tutti questi effetti speciali, anzi, Gesù si raccomanda sempre di tacere. Ma come? Non vuole essere al centro dell'attenzione? No? Alla prima uscita pubblica dà una risposta un po' secca alla madre («Donna, che ho a che fare con te?» Gv 2,4). Ma sicuramente ai Dodici, che si è pure scelti personalmente, riserverà ben altro trattamento. Sono o non sono i capi di questa setta di potere chiamata cristianesimo? Eppure una pagina sì e l'altra pure Gesù rimprovera discepoli e apostoli: «Se aveste fede quanto un granellino di senapa, potreste dire a questo gelso: Sii sradicato e trapiantato nel mare, ed esso vi ascolterebbe» (Lc 17,6) ma i fedeli collaboratori di Gesù non ce l'hanno. Pensano solo (nostri gemelli!) a cercare qualche effetto speciale in più. Domandano: «Signore, vuoi che diciamo che scenda un fuoco dal cielo e li consumi?» (Lc 9,54). La replica del Maestro è condensata in una frase lapidaria: «Gesù si voltò e li rimproverò severamente». Avranno capito? Forse mica tanto, infatti poco dopo gli stessi protagonisti di prima (Giacomo e Giovanni, chiamati non a caso "figli del tuono") tornano all'attacco: «Maestro, noi vogliamo che tu ci faccia quello che ti chiederemo». Egli disse loro: «Cosa volete che io faccia per voi?» Gli risposero: «Concedici di sedere nella tua gloria uno alla tua destra e uno alla tua sinistra» (Mc 10,35-37). Ne nasce una mezza lite, con "gli altri dieci che si sdegnarono con Giacomo e Giovanni" (Mc 10,41). Poco dopo ritroviamo l'intera combriccola intenta a discutere su chi tra di loro sia il più grande e Gesù, che vede nei loro cuori, questa volta non li sgrida direttamente, ma, armato di pazienza, cerca di fare loro capire che si deve fare tutto il contrario...[6]

Pietro, almeno lui, si vedrà, no?, che può essere a ragione il capo della Chiesa? Manco per l'idea.

---

[6] L'episodio è narrato da Luca (Lc 9,46-47) e da Marco, che forse è quello che più sottolinea le asinate degli Apostoli. Si noti la delicatezza di Gesù nell'episodio, il suo scegliere un bambino per insegnare a cercare la semplicità e non la gloria. *Giunsero intanto a Cafarnao. E quando fu in casa, chiese loro: «Di che cosa stavate discutendo lungo la via?». Ed essi tacevano. Per la via infatti avevano discusso tra loro chi fosse il più grande. Allora, sedutosi, chiamò i Dodici e disse loro: «Se uno vuol essere il primo, sia l'ultimo di tutti e il servo di tutti». E, preso un bambino, lo pose in mezzo e abbracciandolo disse loro: «Chi accoglie uno di questi bambini nel mio nome, accoglie me; chi accoglie me, non accoglie me, ma colui che mi ha mandato».* (Mc 9, 33-37)

Addirittura lo tradisce tre volte, Gesù lo chiama persino satana e lo fa allontanare da lui[7].

In conclusione, questi discepoli son così eroi che nel momento cruciale (l'arresto di Gesù, il suo processo, la sua condanna a morte) abbandonano tutto e vedono bene di sparire dalla circolazione. E quando Gesù risorge, son i primi a non crederci, a non riconoscerlo[8].

Insomma: più che un epico racconto delle gesta di questi pii e valorosi discepoli dalla grande fede sembra quello della loro disfatta.

Siamo dunque ancora convinti della tesi di partenza? È bastato poco, è bastato leggere il vangelo guardandolo con occhi un po' diversi. Quelli di un Dio che sceglie di rinunciare alla sua onnipotenza per condividere tutto – fuorché il peccato, aggiunge l'autore della Lettera agli Ebrei (cfr. Eb 4,15) – del nostro essere uomini[9]. Anche la tentazione, anche la fatica del convertirsi.

---

[7] Pietro ha appena riconosciuto che Gesù è il Messia, il Figlio di Dio. Gesù allora si mette a parlare apertamente di ciò che lo aspetta, della sua passione, morte e risurrezione. *Allora Pietro lo prese in disparte, e si mise a rimproverarlo. Ma egli, voltatosi e guardando i discepoli, rimproverò Pietro e gli disse: «Lungi da me, satana! Perché tu non pensi secondo Dio, ma secondo gli uomini».* (Mc 8,32-33)

[8] Alla fine apparve agli undici, mentre stavano a mensa, e li rimproverò per la loro incredulità e durezza di cuore, perché non avevano creduto a quelli che lo avevano visto risuscitato (Mc 16,14). Si potrebbero citare anche altri episodi: i Discepoli di Emmaus che camminano delusi e sconfortati lungo la via e arrivano a riconoscerlo solo quando Gesù spezza il pane e sparisce dalla loro vista; Tommaso che lancia il suo proclama: «Se non vedo nelle sue mani il segno dei chiodi e non metto il dito nel posto dei chiodi e non metto la mia mano nel suo costato, non crederò» (Gv 20,25).

[9] Anche Paolo riprende questa immagine di Dio che si "converte" e si spoglia della sua regalità per farsi servo degli uomini diverse volte. *Cristo*

Gesù parte alto nella sua predicazione e si accorge che deve sempre ripartire perché l'uomo è ora sordo, ora cieco; ora affetto da cupidigia, ora da gelosia; ora pronto a vendicarsi, ora a lagnarsi... Riscontra la Seite di Pietro, la Duite di Giacomo e Giovanni, la Treite di Giuda, la Unite di Saulo, e tante altre malattie... «Da lui giungevano ogni sorta di infermi da ogni regione...» testimoniano gli evangelisti. Ci siamo tutti, anche noi, in mezzo a questa bella folla. E spetta noi <u>scegliere se voler essere guariti</u>[10], se fare come il cieco Bartimeo che grida: «Se tu lo vuoi, puoi guarirmi!» o come la donna emorroissa che si infila tra il groviglio della folla per toccare solo il lembo della sua veste... Se farci calare dagli amici dal tettuccio di una casa, o se mandare un messaggero per chiedere al Messia di venire presto nella nostra casa... Gesù è lì, mite e umile. Non perché Dio è umile, ma perché ha scelto di esserlo. Ha scelto – amico lettore – di convertirsi al fascino della piccolezza. Quella dove si nascondono i Misteri del Regno. Non quelli per cui occorre scomodare una

---

Gesù, pur essendo di natura divina, non considerò un tesoro geloso la sua uguaglianza con Dio; ma spogliò se stesso, assumendo la condizione di servo e divenendo simile agli uomini; apparso in forma umana, umiliò se stesso facendosi obbediente fino alla morte e alla morte di croce. (Fil 2,5). E ancora: Colui che non aveva conosciuto peccato, Dio lo trattò da peccato in nostro favore, perché noi potessimo diventare per mezzo di lui giustizia di Dio. (2Cor 5,21).

[10] Dio, i miracoli, li compie ma... solo per chi li vuole! Senza la nostra adesione, senza la nostra volontà Egli si ferma fuori dalla nostra porta. Bussa, magari attraverso la voce degli amici e della coscienza, ma è capace di rimanere fuori per mesi, giorni, anni se non c'è la nostra volontà di faro entrare. Dio non forza la mano per "farci credere a tutti i costi" e "guarirci a ogni costo": il rapporto con lui si basa su un reciproco atto di libera volontà. / Si veda anche la visita di Gesù a Nazareth: *"E lì, a causa della loro incredulità, non fece molte opere potenti."* (Mt 13,58).

puntata speciale del programma TV più di moda o la penna di qualche scrittore-detective all'ultimo grido.

I Misteri del Regno cui allude Gesù sono una rivelazione continua di Dio da scorgere e da riconoscere in tanti gesti che a noi portano il carattere dell'assurdo. Dio si rivela nella sconfitta, nella fragilità, persino nella sofferenza, che c'è e di cui non sappiamo il perché ci sia (di certo non l'ha mandata Dio, neppure Lui la vuole, ma non la scaccia via con poteri magici. La prende su di sé, si converte ad essa, per tentare con noi di trasformarla).

Ai piccoli e ai poveri accade di riconoscere tutto questo. Agli sconfitti della storia, a quelli che colgono la fragilità della vita, a coloro che si riconoscono malati e cercano ristoro per la loro anima. Essi ascoltano l'appello di Gesù: «Venite a me». E Gesù rende lode al Padre, perché qualcuno forse ha iniziato con lui a convertirsi, a volgere lo sguardo altrove. Prima fisso in sé, ora volto ad altro[11]. E quando scatta questo, la guarigione, ormai, è iniziata.

«Ci sarà più gioia nel Regno dei Cieli per un peccatore che si converte

---

[11] L'etimologia di *convertire* è latina: *cum* (completamente) + *vertere* (volgere) ossia *volgere del tutto, dirigere completamente* così da portare un cambiamento. *Cum* ha lo stesso significato del greco *metà* che troviamo, ad esempio, nella parola *meta-morf-osi* = cambiamento di forma. Dunque *convertire* significa *far mutare, far passare da uno stato all'altro,* da cui il termine come lo si usa correntemente nel senso di *cambiamento* (di pensiero, di vita, di religione, ecc.). Nel Vangelo sono molti i riferimenti a Gesù o a qualche personaggio che "*volge lo sguardo verso…*" per indicare un moto profondo, completo, dell'anima (di pietà, di compassione, di pentimento, di fede, di supplica, di amore).

che per novantanove giusti
che non hanno bisogno di conversione»

(Lc 15,7)

(Importanti) note tecniche

✓ In questa parte del libro, per la cura delle patologie, non si seguirà lo stesso ordine con cui le si è presentate. Questo perché alcune malattie hanno dei legami con altre. Non si tratta di semplici "similitudini", bensì di punti di forza per il paziente (e di debolezza della malattia) da sfruttare come leva e rendere più efficiente il processo di redenzione[12].

✓ Ogni capitolo è dedicato alla cura di una specifica malattia, tuttavia si consiglia a tutti i pazienti, di qualsivoglia patologia, di seguire l'intero cammino. Questo per due ragioni:

    a) Verrà proposto un cammino graduale di preghiera, che vorrebbe suggerire non solo ad usare la preghiera come cura, ma anche ad entrare in più profondo contatto con la realtà della preghiera stessa (scoprire e riscoprire continuamente la preghiera è una sfida continua per ogni cercatore di Dio!);

---

[12] Un esempio: la Unite porta il paziente ad essere perennemente scontento. C'è un'altra malattia che invece, guarda caso, porta il paziente ad una manifesta ilarità e a cogliere tutti i lati solari della vita: è la Settite. Non che questo sia, in assoluto, del tutto positivo, infatti la Settite produce in chi ne è portatore effetti collaterali altrettanto gravi. Tuttavia curare la Unite con una Settite non troppo acuta è accertato che porti indiscussi benefici.

b) Nei percorsi infiniti della vita[13] ad ogni uomo può capitare di sperimentare anche i tratti di altre patologie. Il paragone che si sente più spesso fare è quello dei banditi: ogni malattia che abbiamo presentato è come un bandito. Ma si sa, i banditi tendono pericolosamente ad aggregarsi e a stringersi intorno ad un capobanda. Ognuno di noi, purtroppo, ha una schiera di banditi e di tagliagole da affrontare; tuttavia uno solo è il capobanda. Focalizzandosi su di esso si possono ottenere enormi risultati[14]; tuttavia, in certe situazioni e in certi momenti della vita, potrebbe emergere anche qualche altro bandito o esserci addirittura un avvicendamento...

✓ Come il lettore avrà già notato in questa introduzione, le note a piè pagina saranno abbondanti. Si possono trascurare alla prima lettura, di modo da non frammentare troppo i periodi e il quadro generale, ma possono essere preziose per le riletture successive. Costituiscono perlopiù note tecniche di carattere medico-spirituale, ma anche incisi e approfondimenti, precisazioni e commenti che hanno il valore di una nota orale quando si sta leggendo un testo e si vuole ampliare il discorso[15].

---

[13] E pure imperscrutabili. Così sono le vie del Signore! (Cfr. Rm 11,33).

[14] Sparare al capobanda causa generalmente un fuggi-fuggi di tutti gli altri banditi. Se poi lo si uccide, nel villaggio dell'anima è festa grossa. (E pure nel Regno dei Cieli).

[15] Fanne buon uso!

Spazio allo Spirito

~La preghiera spontanea è quella giusta?~

Lo Spirito Santo viene in aiuto della nostra debolezza perché nemmeno sappiamo cosa sia conveniente domandare...

Rm 8,26

La preghiera è grazia ed è necessaria per rimuovere gli ostacoli che, entrando negli ingranaggi dell'atto umano, impediscono alla volontà di fuggire il male e compiere il bene

S. Agostino

La prima cosa da dire sulla preghiera è che essa non è un metodo né una pratica da usare (solo) come terapia per il nostro stress o i nostri malanni. Essa ha, tra i suoi frutti, quello di curare le disarmonia della nostra anima e le fragilità del momento presente e quelle che da sempre ci portiamo dietro; tuttavia ridurre la preghiera solo a questo sarebbe sminuente. La preghiera, infatti, è il luogo dove sperimentiamo l'azione dello Spirito Santo in noi, e, dunque, la paternità di Dio Padre, la forza della parola di Gesù che si realizza in noi. La preghiera, come ogni rapporto tra persone, non può mai essere ridotta ad una formuletta o ad una sola descrizione o definizione valida per tutti.

Padre Andrea Gasparino, uomo di preghiera che ha tenuto per anni scuole di preghiera per giovani e famiglie, ricorda sempre che la preghiera va *continuamente imparata* e *costantemente rinnovata.*

Nei capitoli che seguono cercheremo allora, insieme, di cogliere qualche aspetto della preghiera, di questo rapporto intessuto dallo Spirito tra noi e Dio, che maggiormente può aiutare a superare le nove malattie che sono state descritte nei capitoli precedenti.

Già lo si è detto, ma è utile ripetercelo: è fondamentale che la «mia» preghiera divenga una preghiera costruita a partire da *ciò che io sono,* ma che non sia unicamente «di testa mia». Che vuol dire in concreto?

Vuol dire che non sempre le cose spontanee sono anche quelle giuste, quelle che ci aiutano a crescere. È vero che chi si fa guidare dallo Spirito sente nascere e crescere la preghiera in lui in maniera spontanea, ma bisogna essere *allenati* ad ascoltare lo Spirito, a riconoscerlo, a distinguerlo dal nostro ego. Lo Spirito abita in noi, fin nelle viscere ci conosce (cfr. Sal 139[138], 13), ma è pur sempre «altro da noi». È un dono che ci è stato fatto fin dal primo istante di vita e che è cresciuto in noi coi sacramenti, ma, come ogni regalo, può rimanere incartato anche un'intera vita se non siamo noi a permettergli di dilatarsi nella nostra esistenza. Lo Spirito è così rispettoso della nostra libertà da tacere se noi non vogliamo ascoltarlo[16].

---

[16] Ascoltare è diverso da udire! Udiamo tante cose nel baccano, nel frastuono, nello scorrere continuo di suoni e parole che ci sfiorano durante la giornata. Solo una parte di questo insieme caotico è selezionata attivamente dal nostro cervello e diviene "ascoltata". All'ascolto seguono la rielaborazione e/o la memorizzazione. Tra le

Continuerà a bussare alla porta della nostra coscienza, ma non la varcherà mai se noi non gli apriamo.

In definitiva, lo Spirito di Dio non è uno scassinatore di anime; tuttavia sappi che ha il potere di rendere l'impossibile possibile, se solo tu gliene dai l'opportunità.

«Ecco, sto alla porta e busso. Se qualcuno ascolta la mia voce e mi apre la porta, io verrò da lui, cenerò con lui ed egli con me.»

(Ap 3,20)

---

malattie che questo libro segnala tra le più diffuse (così diffusa da non rientrare in una sola tipologia, ne può soffrire tanto chi è portatore di Treite quanto di Novite, e via dicendo) vi è la *passite*. In breve, si tratta della malattia per cui si ode ogni parola in maniera passiva, lasciando che il cervello sia guidato da quel che capita, dai sensi, dall'istinto. Ne soffri mica anche tu? Sappi che la preghiera, quando autentica, è una ammazza passite incredibile.

Da dove iniziare?
Dal *volere* iniziare!

~Per combattere la Novite~

Abbi due piedi, non essere zoppo!

S. Agostino

Allora ho detto: «Ecco, io vengo

– poiché di me sta scritto nel rotolo del libro –

per fare, o Dio, la tua volontà.»

Sal 40 [39],8

L'appello nel silenzio

C'era una volta un uomo famoso per la sua dedizione allo studio e alla lettura. Aveva raccolto così tanti volumi che il suo palazzo era divenuto vasto e grande come una di quelle biblioteche delle grandi città. La fama di quest'uomo si era diffusa e diverse persone andavano a trovarlo quando avevano bisogno di un consiglio. L'uomo trovava sempre il libro giusto per loro.

Si recò un giorno dall'uomo un giovane uomo che aveva smarrito il senso della vita. Per soddisfare la sua sete di ricerca e di risposte l'uomo saggio dovette indicargli molti libri da consultare. Il visitatore chiese così di potersi fermare più giorni nel palazzo dell'uomo per poterli leggere tutti. Il luogo infatti era molto spazioso e circondato dalla pace e dal silenzio e non c'era nessuno a disturbare la lettura. L'uomo saggio acconsentì ad ospitarlo.

Mentre stava in quel luogo, tuttavia, il giovane si accorse che ad ogni ora il silenzio era rotto dai rintocchi di un grande enorme orologio a pendolo che l'uomo saggio aveva posto proprio nella stanza centrale del suo palazzo. Il giovane provò più volte a cambiare stanza per la lettura, ma i profondi rintocchi dell'orologio lo raggiungevano, puntuali e solenni, allo scoccare di ogni ora.

Si decise allora di chiedere all'uomo perché avesse stabilito di rovinare il silenzio di quel posto unico con quell'orologio infernale.

«Se non ci fosse l'orologio – rispose l'uomo saggio – mi smarrirei nelle letture e nell'inerzia. Invece così, allo scoccare di ogni ora ricevo un appello: cosa hai fatto nell'ora che è appena passata?»

E tu, amico lettore, che hai fatto nell'ora appena trascorsa?

Ci sono alcune malattie, tra quelle qui trattate, che portano ad un iper-attivismo, altre che invece portano alla dissipazione continua del tempo[17].

---

[17] Il bello, anzi, il brutto di tutte queste malattie è che nella maggior parte dei casi i pazienti non riconosceranno questo uso non equilibrato del proprio tempo. Dirò di più: per un iper-attivista come l'affetto da Duite o da Ottite, il tempo da far fruttare con un maggior numero di attività sarebbe dovuto essere senz'altro di più. Al contrario l'ipo-attivista (ovvero con tendenza alla pigrizia), quale è il portatore di Novite, dirà senz'altro che il tempo per riposarsi è stato poco! Si rimanda, per la cura di questa visione distorta del proprio tempo, al racconto di Icaro nell'introduzione.

Ma a qualunque categoria il lettore appartenga, si domandi: a Dio, quanto tempo ho dedicato nell'ora trascorsa? E nelle 24 ore appena passate?

Serve a poco lagnarsi, per quello o quell'altro motivo, addurre scuse, oppure ancora deprimersi per le proprie colpe. C'è solo una cosa da fare in questo caso: rimboccarsi le maniche e partire possibilmente prima del prossimo rintocco del pendolo[18].

* * *

L'intagliatore di giada

Un giorno un ragazzo si recò dal più famoso maestro intagliatore di giada di tutta la Cina e gli domandò: «Maestro, vorrei apprendere l'arte di intagliare la giada!»

Da piccolo aveva sempre guardato con ammirazione chi praticava quel mestiere e aveva desiderato ardentemente di poter anche lui, un giorno, scoprire i misteri di quella pietra verde così preziosa e raffinata che, solo i più abili tra gli artisti e gli intagliatori, sapevano lavorare fino a farne piccoli capolavori di inestimabile valore.

Egli non avrebbe voluto diventare un intagliatore "qualsiasi", di quelli che finiscono a commerciare i propri manufatti in qualche bottega in un sobborgo di una città turistica, né un semplice assistente che presta la sua manodopera per i lavori meno importanti; sarebbe

---

[18] Come avremo modo di dire nelle prossime pagine, l'aria scossa dalle sole buone intenzioni serve ben a poco. Vuoi un motto che ti aiuti a convincerti di ciò e a partire subito? Ecco le parole di S. Agostino: «Ogni attimo è prezioso: è un frammento di eternità».

81

diventato un grande intagliatore, a costo di fare molti sacrifici!

La giada è una pietra tanto preziosa e bella quanto dura e difficile da lavorare e sono pochi quelli che riescono a intagliarla con precisione, arte e maestria.

Rispose il maestro: «Bene. Ma dovrai fare tutto quello che ti dirò e applicarti con molto impegno, ogni giorno!»

Replicò il ragazzo: «Eccomi! Dimmi maestro: sono pronto a far tutto quello che mi dirai!»

Il maestro intagliatore prese allora un piccolo sacchetto di stoffa nera, lo aprì e tirò fuori una piccola pietra verde: si trattava di una giada grezza, ma ugualmente preziosa e bella.

«Apri le mani – disse – e tieni stretta questa piccola pietra verde.»

Il ragazzo fece quello che l'intagliatore gli aveva detto e restò tutta la giornata con la pietra in mano. Al calare del sole restituì la giada al suo proprietario e gli diede appuntamento per il giorno successivo.

«Eccomi, maestro, son pronto per imparare l'arte di intagliare la giada!» disse il ragazzo, pieno di entusiasmo, il giorno successivo.

L'intagliatore tirò nuovamente fuori il sacchetto di stoffa con la pietra verde, gliela mise tra le mani e gli disse: «Questa è giada, tienila stretta tra le tue mani!»

Il ragazzo così fece per tutta la giornata ed anche per i giorni successivi. Al termine della settimana restituì la pietra al maestro intagliatore, sperando la settimana successiva di iniziare ad intagliare finalmente la giada.

Di ritorno alla bottega del maestro si presentò nuovamente: «Maestro, eccomi: son pronto per imparare l'arte di intagliare la giada» ma questi gli diede ancora la piccola pietra verde da tenere tra le mani per tutta la giornata.

Il ragazzo aveva molta fiducia nel maestro intagliatore e sebbene non capisse perché gli facesse fare ciò e non fosse più entusiasta come i primi giorni, continuò a presentarsi, ogni mattina, alla bottega e a stringere tra le mai quella piccola pietra verde. E così per interi giorni, settimane, mesi.

Un giorno, come tutte le altre mattine, si presentò dal maestro, ma non disse più nulla e porse in avanti le mani, attendendo che egli vi ponesse la solita giada verde.

Il maestro prese il sacchetto di stoffa nera, lo aprì e come sempre vi tirò fuori una piccola pietra verde e la mise tra le mani del ragazzo.

Non passò neppure un attimo, subito il ragazzo si voltò verso l'intagliatore ed esclamò: «Maestro! Questa non è giada!»

Il maestro con un sorriso rispose: «Bene, ora sei davvero pronto per imparare l'arte dell'intagliatore di giada.»

Torneremo su questo racconto anche in seguito, perché si presta a molte letture e si applica anche alla cura di altre malattie. In questo momento vogliamo focalizzare l'attenzione sul *desiderio* che anima il ragazzo. Che cosa lo contraddistingue? La sua tenacia e la *volontà* di andare avanti, di continuare a presentarsi tutte le sante mattine dal maestro per apprendere l'arte dell'intagliatore di giada. In fondo – diciamocelo – tenere in mano tutto il giorno una pietra, per quanto bella, non deve essere molto divertente, entusiasmante, appagante. Forse a starsene a casa si farebbe pure meno fatica! Ma c'è una molla che muove il ragazzo e che il racconto evidenzia nell'incipit: «sarebbe diventato un grande intagliatore, *a costo di fare molti sacrifici*»[19].

Hai dei sogni nel cuore? Dei progetti? Tutti ce li abbiamo, a volte son solo nascosti o non ci sono del tutto chiari... ma ci sono. Quanto sei disposto a fare per quei sogni, per quei progetti? Misurare la propria malattia e la propria debolezza con essi è far sì che non sia la vita a scegliere al posto nostro...

---

[19] Desiderio, volontà, sacrificio. È un trinomio importante ai fini della cura. Il portatore di Novite che non si cura è perennemente fermo al solo desiderio. Anzi, nei casi più gravi, esso è persino soffocato dalla paura: diviene come un vaso di coccio in mezzo a botti di ferro, Don Abbondio docet. Il malato di Novite che invece raggiunge lo stadio della volontà capace anche del sacrificio non dovrebbe nemmeno più essere chiamato malato. *Nota Bene*: sacrificio, non masochismo né auto-flagellazione! Sacrificio è Amore. Vogliamo comprendere veramente il valore del sacrificio? Allora occorre fissare bene lo sguardo su Cristo in croce.

Il tuo «eccomi», come quello ragazzo del racconto, può far passare la vita dalla mediocrità[20] ad una vita piena e capace di vero amore[21].

* * *

L'aria scossa dalle buone intenzioni

In quel Tempo Gesù disse alla folla: «Chiedete e vi sarà dato; cercate e troverete; bussate e vi sarà aperto; perché chiunque chiede riceve, e chi cerca trova e a chi bussa sarà aperto. Chi tra di voi al figlio che gli chiede un pane darà una pietra? O se gli chiede un pesce, darà una serpe? Se voi dunque che siete cattivi sapete dare cose buone ai vostri figli, quanto più il Padre vostro che è nei cieli darà cose buone a quelli che gliele domandano!

Entrate per la porta stretta, perché larga è la porta e spaziosa la via che conduce alla perdizione, e molti sono quelli che entrano per essa; quanto stretta invece è la porta e angusta la via che conduce alla vita, e quanto pochi sono quelli che la trovano!

---

[20] «*Aurea mediocritas*» (*la mediocrità è d'oro*) è il motto-emblema del portatore di Novite congenita non curata. Se anche tu hai questo motto, sta attento! Chiedi subito allo Spirito la luce perché tu possa estirparlo e mutarlo con altri motti più evangelici (ad esempio quello di Giovanna d'Arco, riportato più sotto nel testo, oppure «*Ad astra per aspera*» – *Alle stelle attraverso la via difficile*). Ricorda: *solo chi sogna in grande può stare al ritmo di Dio* (Andrea Gasparino).

[21] Il Tipo affetto da Novite ha anche un potenziale vantaggio: è quello che più di tutti ha un cuore disposto alla Carità e all'Amore. Ma se manca l'*eccomi* pure l'amore sonnecchia ed un amore che sonnecchia assomiglia di più al proprio egoismo che all'Amore.

Non chiunque mi dice: Signore, Signore, entrerà nel regno dei cieli, ma colui che fa la volontà del Padre mio che è nei cieli.»

(Mt 7, 11.13-14.21)

Scuotitori d'aria, mettiamoci il cuore in pace[22]. Gesù sembra dirlo chiaramente nel passo riportato di Matteo: scuotere l'aria con tutte le buone intenzioni di questo mondo serve a poco.

Ho un amico parroco che sulla porta del suo ufficio parrocchiale ha fatto mettere il seguente motto: «Res, non verba!» ossia: *fatti, non parole.*

Giovanna d'Arco aveva come motto: «Ora è meglio che dopo!» e se segnò il corso della storia e di una guerra le cui sorti sembravano ormai tratte, forse fu per l'ostinato rigore con cui applicò quel motto.

Il rimandare sempre non fa che peggiorare la pigrizia e Gesù sembra indicarlo chiaramente: la strada è stretta e se cerchiamo le agiatezze non andremo lontano. Gesù è pure realista: tanti scelgono la porta larga, la porta delle comodità, delle buone intenzioni a parole, del "lo farò domani". Ma allora, se siamo tra questi, non illudiamoci di essere invece tra quelli che entreranno trionfanti nel regno dei cieli trovandosi la pappa fatta. Occorre fare la volontà di Dio, occorre rimboccarsi le maniche.

---

[22] Chi è affetto da Novite sarà felice di questa esortazione: la Novite porta intrinsecamente a "mettersi il cuore in pace" ... Ma non fermatevi a questa prima frase: il bello viene ora.

Sorgerà allora la domanda, già la si sente ribollire negli animi: *Ma quale è la volontà di Dio da fare?*[23] L'idea che abbiamo in testa, tutti – Novite o meno qui non importa – è grosso modo questa: che la volontà di Dio è ciò che *mi* piace, ciò che *mi* viene istintivo, ciò che *io* reputo bene[24].

---

[23] Un'altra domanda per i degenti da Novite: Vivere in pace e in quiete non è già volontà di Dio?

[24] «Il più grande problema del XXI secolo è il relativismo: il seguire l'io e le proprie voglie» (Benedetto XVI). Questo non significa che tutto ciò che ci passa per la mente come desiderio sia da catalogare come "cattivo" o "peccaminoso". Ma va passato al vaglio, in quanto: «Tu sai quel che desideri, ma Egli solo sa quel che ti giova» (S. Agostino). La parola magica che viene allora in aiuto è una sola: *discernimento*. Esso si apprende con tanta preghiera, con il confronto, con i consigli di chi può esserci da guida.

Sul *relativismo* una nota alla nota, con il discorso completo di Papa Benedetto XVI: «In una società e in una cultura che troppo spesso fanno del relativismo il proprio credo – il relativismo è diventato una sorta di dogma –, in una simile società viene a mancare la luce della verità, anzi si considera pericoloso parlare di verità, lo si considera "autoritario", e si finisce per dubitare della bontà della vita – è bene essere uomo? è bene vivere? – e della validità dei rapporti e degli impegni che costituiscono la vita. Come sarebbe possibile, allora, proporre ai più giovani e trasmettere di generazione in generazione qualcosa di valido e di certo, delle regole di vita, un autentico significato e convincenti obiettivi per l'umana esistenza, sia come persone sia come comunità? Perciò l'educazione tende ampiamente a ridursi alla trasmissione di determinate abilità, o capacità di fare, mentre si cerca di appagare il desiderio di felicità delle nuove generazioni colmandole di oggetti di consumo e di gratificazioni effimere. [...] Dentro a un tale orizzonte relativistico non è possibile, quindi, una vera educazione: senza la luce della verità, prima o poi ogni persona è infatti condannata a dubitare della bontà della sua stessa vita e dei rapporti che la costituiscono, della validità del suo impegno per costruire con gli altri qualcosa in comune.» *(Benedetto XVI, Discorsi ai Convegni ecclesiali della diocesi di Roma, 6 giugno 2005 e 11 giugno 2007).*

Ma siamo sicuri che Gesù dica proprio questo?[25]

Dio comunica la sua volontà in molti modi, primo tra tutti la preghiera. Decidere di *voler conoscere* la sua volontà è decidere di scegliere la porta stretta, è decidere di mettersi in preghiera[26].

Gesù lo ripete più volte, non solo in questo passo: la preghiera deve diventare il luogo dove chiedere, dove bussare, dove domandare. E il cuore generoso di Dio risponderà, ci assicura Gesù.

Il desiderio di incontrare Dio deve essere come il desiderio dell'acqua per l'assetato. «Chi vuol raggiungere qualcosa ha l'ardore del desiderio. Il desiderio è la sete dell'anima.» (S. Agostino) E chi è assetato rimanda forse a domani il dissetarsi?

Spunti pratici

✓ Programma la tua giornata fin dal mattino (o, se preferisci, dalla sera precedente), programma il tuo appuntamento con Dio. Fa' che ci sia sempre quell'appuntamento. Fissa 15 minuti, così almeno 5 probabilmente ci saranno. Non partire subito

---

[25] La più grande *conversione* (vedi note precedenti) della nostra vita è questa: dal dio della nostra testa al Dio della rivelazione, dal dio a nostra immagine e somiglianza al Dio che si fa uomo a nostra somiglianza per rivelarci la sua vera immagine, il suo vero volto.

[26] Chi fugge dalla preghiera solitamente fugge dal fulcro della propria vita: comprendere la volontà di Dio. Rifugiarsi nella passite o, peggio ancora, tapparsi volutamente le orecchie è segno di un timore di Dio che non ha nulla di buono e che non nasce certo dallo Spirito. (*Nota:* anche lo Spirito dona il *timor di Dio*, inteso però ben diversamente dall'accezione comune: è il dono di sentire la lontananza da Dio come la peggior cosa che possa capitare. Insomma, l'esatto opposto del tentare la fuga da Dio).

con il voler fare un'ora di preghiera perché se non sei abituato rischi solo di bruciare il muscolo che non è allenato. Meglio una dose giusta, ma costante.

✓ Scegli un luogo per la tua preghiera. Un luogo che aiuti a fare silenzio è decisamente meglio di un luogo che aiuti unicamente a stare comodi...[27]

✓ Porta a Dio quel che stai vivendo, le cose buone ma anche quelle situazioni che ti hanno fatto stare male. Se non sei schietto con Dio non lo sei nemmeno con te stesso e tante piccole tensioni accumulate portano poi ad una grande tensione che non è più gestibile...

✓ Dopo aver aperto il tuo cuore a Dio, lascia che sia Dio ad aprire il suo, di cuore[28]. Da parte tua interrogalo su quale sia la Sua volontà per la tua vita. Fallo in maniera schietta, senza partire dalle risposte che vorresti sentirti dire![29]

**«C'è un sonno dell'anima e c'è un sonno del corpo.
Sonno dell'anima è dimenticare Dio.»**

S. Agostino

---

[27] La Novite tende indefessamente a orientare chi ne è portatore verso il solo criterio della comodità. Domandati allora mentre sei in preghiera: ho scelto la comodità oppure ho scelto Dio?

[28] La Preghiera è prima di tutto Amore. Un paziente affetto da Novite non troppo acuta dovrebbe saperlo. O per lo meno lo ha dentro di sé in potenza: tira fuori la tua capacità di Amare!

[29] Nel caso della Novite una risposta attesa potrebbe essere: vivi in pace, quieta e lascia quietare! Il che non significa che Dio non voglia la pace interiore dell'uomo, ma forse in questo momento essa è per te una FUGA e non un bene da conquistare... (potrebbe esserlo invece per uno che soffre di Ottite o di Unite).

Via le maschere davanti a Dio!

~Per combattere la Treite~

L'uomo guarda l'apparenza, Dio vede il cuore.

1 Sam 16,7

**Come l'orecchio nostro alla bocca dell'uomo,
così il cuore dell'uomo all'orecchio di Dio.**

S. Agostino

Ancora l'intagliatore di giada

Rileggi con calma il racconto dell'intagliatore di giada del capitolo precedente. Rileggilo come se il protagonista fosse questa volta la giada.

Poi torna pure a questa pagina.

La giada, pietra bella, pietra che affascina... ma il suo valore è tutto lì? Nell'apparire davanti agli uomini? O ci sono pure altre pietre verdi, molto simili, che possono confondersi con essa?

Il racconto ci mostra come, per mettersi alla scuola dell'intagliatore di giada, occorra prima imparare a riconoscere la giada autentica da quella fasulla. Vani, altrimenti, saranno gli sforzi profusi.

Facciamo ora una trasformazione[30]: «la giada» diventi «la preghiera». Il racconto si dilata: ci mostra che per ottenere una preghiera autentica e di *qualità* occorre una dose efficace di *quantità*. La giada affinché sia giada, e quindi sia davvero preziosa, occorre anche che sia autentica e non soltanto che luccichi bene! Lo stesso vale per la preghiera.

Il racconto ci mostra anche un'altra cosa: il valore della *speranza*. Senza di essa la preghiera stessa impoverisce nel giro di poco. Il ragazzo protagonista del racconto ha fede e fiducia negli insegnamenti che gli vengono posti, anche se i risultati non si vedono subito. E non fugge![31]

Solo chi è costante e guidato da una speranza radicata in lui non si stanca e alla fine coglie i frutti più profondi e genuini.

---

[30] I giochi di prestigio piacciono molto ai portatori di Treite, in tutte le sue forme. Tuttavia essi possono essere molto dannosi per l'animo umano e per i rapporti sociali. Scrive ad esempio S. Agostino: «Un tale è sospettato che sia un nemico, ed è, forse, un amico; un altro sembra essere amico, e forse è un nemico nascosto. Che buio!» Nel nostro caso, con il gioco di prestigio proposto, si spera che ad essere danneggiata sia la Treite stessa!

[31] Chi è affetto da Treite ha, purtroppo, un immancabile comportamento: la fuga dinanzi agli insuccessi. Il degente a lungo corso da Treite si contraddistingue, nel suo curriculum personale, dall'aver sperimentato tante attività, dall'aver frequentato tanti gruppi, dall'aver cambiato molte compagnie e amicizie. E questo proprio perché al sopraggiungere delle prime difficoltà egli molla tutto… Se anche tu tendi a fuggire di fronte alle delusioni e agli insuccessi, sta attento! Una grave forma di Treite potrebbe minacciarti. Per combatterla, a volte, basta solo un pizzico di umiltà in più condita con l'olio della perseveranza: il ragazzo del racconto ce lo mostra.

Solo due monete di rame

Gesù andò a sedersi vicino al tesoro del tempio e guardava la gente che metteva i soldi nelle cassette delle offerte.

C'erano molti ricchi i quali buttavano dentro molto denaro.

Venne anche una povera vedova e vi mise soltanto due monetine di rame. Allora Gesù chiamò i suoi discepoli e disse: «Io vi assicuro che questa vedova, povera com'è, ha dato un'offerta più grande di quella di tutti gli altri! Infatti gli altri hanno offerto quello che avevano d'avanzo, mentre questa donna, povera com'è, ha dato tutto quel che possedeva, quel che le serviva per vivere.»

(Mc 12,41-44)

Soltanto due monetine di rame, che valgono poco e che tintinnano ancor meno, gettate nel silenzio e nell'ombra...

* * *

La ricompensa di Dio

In quel tempo Gesù disse: «Attenti a non fare il bene in pubblico per il desiderio di essere ammirati dalla gente; altrimenti non avrete nessuna ricompensa dal Padre vostro che è in cielo.

Quando dai qualcosa ai poveri non fare come gli ipocriti, non farlo sapere a tutti. Essi fanno così nelle sinagoghe e per le strade, perché cercano di essere lodati dalla gente. Ma io vi assicuro che questa è l'unica loro ricompensa.

Invece quando aiuti qualcuno, non farlo sapere a nessuno, neanche ai tuoi amici. La tua elemosina rimarrà segreta; ma Dio, tuo Padre, vede ciò che è nascosto, e ti ricompenserà.

E quando pregate, non fate come gli ipocriti che si mettono a pregare nelle sinagoghe o agli angoli delle piazze per farsi vedere dalla gente. Vi assicuro che questa è l'unica loro ricompensa.

Tu invece, quando vuoi pregare, entra in camera tua e chiudi la porta. Poi, prega Dio, presente anche in quel luogo nascosto. E Dio tuo Padre, che vede anche ciò che è nascosto, ti darà la ricompensa.»

(Mt 6,1-6)

Cercatori di ricompense e sfruttatori di slot-machine chiamate "dio"[32], mettiamoci il cuore in pace! Vi siete illusi che il capitolo precedente fosse già terminato? Gesù, uomo concreto, uomo con le mani in pasta, rincara la dose. Ma lo fa per dirci una cosa straordinaria e per svelarci il segreto del cuore di Dio: la preghiera stessa è già ricompensa. Dio ci crede sul serio alla preghiera, così autenticamente, che quando

---

[32] Non le conoscete? No?!? Ma come? Quando si dice: ho chiesto e Dio non mi ascolta ... ho pregato e lui mi ignora... questa grazia non c'è verso che me la faccia... Perché non mi aiuta ora che ho bisogno? (Perché prima, invece, di Dio non avevi bisogno?!?) In qualche modo si sta sempre riducendo Dio ad una gettoniera o, se preferite, al genio della lampada.

vede un cuore altrettanto autentico disponibile alla preghiera è già pronto a ricompensarlo.

La preghiera, se ancora non l'avessimo capito, è incontrare Dio, è andare direttamente al suo cuore. E Dio non vuole maschere: davanti a lui fan fin ridere. È come se Egli ci vedesse mentre siamo nel camerino dei nostri sotterfugi quando le indossiamo e poi assistesse alla nostra performance sul palcoscenico del mondo convinti di prendere anche lui per il naso[33].

Eppure tutti, non solo gli affetti da Treite, hanno qualche situazione o contesto per cui fa comodo avere una maschera da indossare. Gesù sembra dirci che se vogliamo fare le *persone che si comportano bene*, caritatevoli, ricche di tutti quei buoni sentimenti che il cristianesimo può ispirare[34], forse allora dovremmo iniziare con il domandarci quali *intenzioni* spingono il nostro agire. Mica di facciata?[35]

C'è poco da aggiungere: se la nostra preghiera è solo esteriorità, essa sarà inevitabilmente vuota. Non perché non ci possano *anche* essere i *nostri* buoni sentimenti, ma perché di certo non ci sarà Dio.

---

[33] Dio è assai probabile che abbia molto senso dell'umorismo. È difficile che ci smascheri apertamente, ma si gode la scena della nostra pagliacciata, ops, messa in scena fin all'ultimo. Forse lo fa perché è assai rispettoso della nostra libertà e perché vuol farci capire che se indossiamo una maschera i primi a non esser felici di essa dovremmo essere proprio noi.

[34] Già, il Cristianesimo! Chissà Gesù che ne pensa del *nostro* Cristianesimo... Ehm, chi l'ha inventato il cristianesimo?

[35] Chi in questo momento sta scuotendo la testa o iniziando a produrre giustificazioni alla velocità della luce stia attento: il germe della Treite è pericolosamente libero nelle sue vie respiratorie...

Vi giro la domanda che pone S. Agostino: «A che serve lo strepito della voce, se il cuore tace?»[36]

Dio non è mai nel caos, nel disordine, nel rumore, nell'esteriorità. È così umile da aspettare l'uomo nel silenzio.

«Chi fugge il silenzio fugge se stesso e Dio»

Andrea Gasparino

Spunti pratici

- ✓ Quando programmi la tua preghiera, scegli un luogo adatto. Nel rumore come si può riordinare il chiasso interiore?

- ✓ Il silenzio è inizialmente difficile da affrontare. Spaventa. Perché il silenzio è come uno specchio che ci fa vedere noi stessi senza maschere. E dunque lo si vuole evitare. La preghiera si riempie di parole inutili, atte a soffocare quel silenzio che ci sconquassa. Invoca lo Spirito: ti condurrà per mano in quel silenzio dove poter trovare il tuo volto e quello di Dio.

---

[36] Gesù stesso riscontra una diffusa *preghiera parolaia*: «Il profeta Isaia aveva ragione quando parlando di voi, diceva: questo popolo mi onora con le labbra, ma il suo cuore è lontano da me» (Mt 15,8). Mai fatto esperienza di questa preghiera, non solo distratta, ma piena di pensieri alla rinfusa, ad esempio di quello che dovremo fare appena finito il nostro *dovere* nella preghiera? In caso affermativo ecco un consiglio per sconfiggere la preghiera parolaia: portare le distrazioni in preghiera; offrire a Dio, con schiettezza e semplicità, quel problema, quel pensiero, quella faccenda che occupa così prepotentemente la nostra mente. E interrogare Dio in merito: Che cosa vuoi da me, Signore, per questa faccenda? Qual è la tua volontà in questa spinosa faccenda?

✓ Consegna le tue fragilità a Dio. A Lui non importa quanto bravo sei, quante cose hai fatto bene, quanto sei stato efficiente e quanta approvazione hai ottenuto nella giornata[37]. Giornate dove è andato tutto storto agli occhi degli altri (e a quelli di Dio?) possono essere giornate da cui trarre molti insegnamenti. Soprattutto dove imparare a fare le cose non per gli altri, ma per il loro valore.

✓ Può essere importante rivolgersi allo Spirito di Dio per chiedergli il dono della *Speranza*: è un dono che non si basa sulle tue forze, ma che ti offre uno sguardo capace di guardare lontano e poi ancora più lontano, ben oltre il successo o l'insuccesso delle cose contingenti. È il dono di percepire che tutto ciò per cui abbiamo lottato, sofferto, creduto e amato in questa vita ci verrà un giorno restituito in pienezza[38].

✓ Quando ti rivolgi a Dio, non chiedere quei doni per meglio stare con gli altri[39]. Chiedigli piuttosto di che cosa gli altri hanno bisogno da parte tua. E di che cosa tu puoi fare, <u>con umiltà</u>, per il Regno di

---

[37] Cerchi costantemente la lode degli altri? Fa' una attenta visita: potrebbe trattarsi proprio di Treite. Sottoponi allo Spirito Santo questa ricerca dell'approvazione, magari chiedigli di far luce su di essa per capire le motivazioni che ci stanno dietro. Se quando chiedi un consiglio o un parere in realtà stai cercando una lode, se insomma in tutto questo risalta elusivamente il tuo "io glorioso", allora potrebbe veramente essere Treite da curare (e pure con urgenza).

[38] Si veda il capitolo 8 della Lettera di Paolo ai Romani dedicato alla Speranza. Eccone un assaggio: «Nella speranza siamo stati salvati... Quel che si spera e si vede non è più speranza, ma se speriamo ciò che ancora non vediamo, lo *attendiamo con trepidazione*...»

[39] Diciamocelo, è una maschera! In realtà stai chiedendo qualche dono per meglio apparire! Chiedi di esser capace di compiere un buon servizio in quella comunità o in quella situazione ma in realtà stai cercando, al solito, la bella figura. O no?

Dio. Probabilmente disponi già di tutto, si tratta solo di tirarlo fuori e di usarlo con un unico scopo: <u>il dono</u>. Quello del "servo inutile", che diviene strumento nelle mani di Dio[40].

✓ Se continui ad essere offuscato dalla tua immagine e tutto ciò che essa si porta dietro (quella riunione, quella persona, quel compito, quella complicazione...) chiedi a Dio di aprire i tuoi occhi! Una preghiera molto efficace può essere quella di San Nicola di Flue (protettore della Svizzera) che ripeteva anche Edith Stein (patrona d'Europa) durante la sua prigionia nei campi di concentramento:

«Mio Dio,
togli da me
quello che mi allontana da Te,
dona a me
tutto ciò che mi porta a Te.
Mio Dio,
strappami da me
e donami tutto a Te.»

---

[40] Ancora una nota, ma è essenziale. È importante distinguere l'*essere* dal *sentire d'essere* o *credere d'essere*. Chi è affetto da Treite può credere di essere un sacco di cose, anche il migliore dei servitori di Dio. Ma lo è veramente? Solitamente più ci si gloria e più si è davvero lontani dall'essere come si crede d'essere!

Osare dire: «Padre!»

~Per combattere la Seite~

Vuoi un consiglio?
Se vuoi fuggire lontano da lui, fuggi verso di lui.

S. Agostino

Lo Spirito grida in noi: Abbà, Padre!

Gal 4,6

Il tuffo dal ponte

In tanti dal ponte l'avevano vista cadere nei vortici del fiume. Ma solo un uomo si gettò, vestito com'era. Quell'uomo non sapeva nuotare, non era neppure tanto giovane e aveva una gamba di legno, ma s'era gettato in un impeto di rabbia nel vedere tanta indifferenza.

Il fiume era gonfio, le vesti rosse della bambina apparivano e scomparivano e l'uomo si sentiva i polmoni riempirglisi d'acqua, ma a un tratto la sua gamba si conficcò nella sabbia del fondo e la bimba gli venne addosso, come un sughero lieve. Furono salvi.

I figli di quell'uomo, la sera, gli si strinsero intorno ammirati e lo videro grande, grandissimo come era veramente.

Gli altri uomini raccontarono la cosa ai loro figli. I figli non dissero nulla, ma in fondo a ogni loro cuore era nata una domanda: «Perché non tu, papà?»

[Tratto da: Il libro degli esempi, Ed. Gribaudi, 1990]

Avrebbe potuto pensare alla paura di annegare. Avrebbe potuto guardare alla sua gamba zoppa. Invece si gettò con uno slancio. A salvare lui e la bambina fu proprio quella gamba di legno...

* * *

Fuoco indomabile

Non si seppe mai la causa. Forse un corto-circuito, forse un dispetto di una banda, forse una fatalità. Si svegliarono tutti nel cuore della notte sommersi da un grande fumo, mentre il cane che abbaiava a più non posso. Grande trambusto, grida, urla. Quelle dei più grandi sopra quelle dei più piccoli, quelle di chi chiede aiuto e quelle di chi è preso dal panico e dell'angoscia.

Accorsero anche i vigili del fuoco e presto tutti si ritrovarono nel giardino antistante l'abitazione. Le grida ormai si erano placate e tutto ormai sembrava a posto. Il cane continuava ad abbaiare, verso quella casa dove le fiamme ormai arrivavano fino al tetto, ma nessuno ci fece caso. Improvvisamente dalla folla si lanciò incontro ai vigili del fuoco, singhiozzando, una donna: «Il mio figlio! Il mio figlio di sei anni! Non è qua fuori... è ancora là, qualcuno lo salvi!»

«Ci proveremo, ma non sarà una impresa da poco. L'incendio è ingovernabile!»

La disperazione avvolse il volto dei presenti. La squadra dei vigili partì all'assalto della casa, ma sembrava che l'acqua degli estintori facesse il solletico alle fiamme, e si sentivano solo il crepitare forte del fuoco e il minaccioso scricchiolio di qualche parte dell'abitazione che andava cedendo.

Nessuno dava ascolto ad un'altra voce, quella del cane. Ad un certo punto sparì pure lui e tornò poco dopo dal padre del ragazzo portando in bocca un giocattolo. A quel punto il padre capì e fece il giro dell'abitazione seguendo l'animale coraggioso. Ed eccolo, il suo figliolo, affacciato lassù. Era salito fino alla mansarda e aveva cercato di attirare l'attenzione lanciando i pochi oggetti che aveva trovato e ora gridava: «Sono qui, aiuto, qualcuno mi salvi!»

Il padre gli gridò: «Figlio mio, sono papà. Ti fidi di me? Salta giù!»

«Papà, ti sento ma non ti vedo! Qui c'è tutto fumo! Dove devo andare?»

«Salta, salta dalla finestra, ci sono io!» gridò con quanta più forza aveva in gola l'uomo.

Videro un piede del bambino sulla finestra, sentirono il boato del tetto che stava crollando. La madre che nel frattempo era accorsa gridò e il cane al fianco del padre abbaiò forte, ma questa volta di gioia: l'uomo aveva appena afferrato tra le sue braccia forti il suo amato figlio.

Un altro racconto dove qualcuno "si getta" e compie un bel volo: non è amore per le imprese "no limits", amico lettore. Ma è scendere dal cantuccio delle nostre paure per gettarci nel cuore della vita[41].

Ci sono fasi e momenti in cui ci sentiamo oppressi e soffocati dalla vita. Proprio come se fossimo avvolti da fumo acre. Quello delle delusioni, delle fatiche, delle cose che non vanno. Il bambino che è in noi può sempre trovare la soluzione vincente: aprire la finestra della soffitta. La finestra più recondita, quella che non usiamo mai[42].

Aperta questa finestra avvertiamo subito l'aria nuova, i polmoni si dilatano, prorompe in noi un grido, un grido di libertà. Anche la preghiera, in certe circostanze della vita o in quelle vite spezzate da profonde pene, si tramuta in un grido. La preghiera è una cosa seria, amico lettore, la casa che brucia c'è, come la tua paura del fuoco e del fumo, la tua gamba inferma, la tua protesi di legno. Ma c'è anche dell'altro.

Ed è questo che cambia la vita dei due personaggi: l'aprire lo sguardo e il tendere l'udito altrove, fuori da sé.

A volte c'è qualcuno che aspetta la nostra mano. Inferma, insicura, debole?[43] In questo caso, allora, è

---

[41] Gli affetti da Seite cronica si costruiscono cantucci di autocommiserazione e di paranoie che divengono delle vere e proprie prigioni. Spesso solo un evento "forte", al limite "drammatico", può sgretolare le sbarre che si sono eretti. Le catene più dure da spezzare, chissà perché, sono proprio quelle che ci auto-imponiamo. Fortunatamente lo Spirito agisce dall'interno, oltre che dall'esterno, sempre che non mettiamo le catene pure a Lui.

[42] Non sarà mica quella che si affaccia sulla nostra vita spirituale e su Dio?

[43] Per un affetto da Seite la propria debolezza è sempre al primo posto. Pietro stesso, il primo degli Apostoli, stenta a credere che Gesù l'abbia scelto come capo della Chiesa. Imparerà anche lui a fidarsi, a slanciarsi

senz'altro la mano giusta, quella che, se supera la soglia del timore iniziale, può compiere gesti di vero Amore.

A volte la nostra vita aspetta di essere salvata dalle prigioni che noi stessi le abbiamo imposto o che la vita ci ha dato senza preavviso. Dio non ha bisogno di preavviso: è lì, pronto a sorreggerci. Come nel caso del padre nel racconto, non lo vediamo, ma possiamo sentire la sua voce[44].

Prima di addentrarci in questo meraviglioso campo che è la paternità di Dio, svisceriamo fin in fondo l'inchiesta giudiziaria su noi stessi. Sì, parlo proprio di inchiesta, capace di tagliarci le gambe e tenerci un'intera vita sotto accusa. Accusati da noi stessi e dalla nostra coscienza infarcita di sensi di colpa[45]. Magari siamo già stati perdonati, abbiamo pure ricevuto il sacramento della Riconciliazione, eppure di

---

fuori dalla barca della vita fatta di routine per gettare le reti sulla Parola del Maestro e – sempre lui, discepolo così povero – per gettare le reti sulla povertà del mondo. Con Dio anche il malanno (in questo caso la Seite) può divenire un punto di partenza e di forza: conscio delle mie debolezze posso meglio aiutare le debolezze altrui. Come? Basta fidarsi di Lui.

[44] Sentirla. E pure ascoltarla (si vedano le note ai capitoli precedenti). *Nota Bene:* La preghiera e il silenzio restano sempre, anche in questo capitolo e in tutti i successivi, un allenamento (il migliore) all'ascolto.

[45] La voce della coscienza è l'entità più abusata nella nostra vita spirituale. Se i degenti da Seite (pure la Quattrite non scherza) possono arrivare a ingigantirla e a trasformarla nell'eterna sentinella-carnefice, altri pazienti (es. effetti da Settite) hanno un atteggiamento del tutto opposto. E così, tipicamente, la si invoca quando vorremmo far provare rimorso a qualcuno per una malefatta, ce ne dimentichiamo quando siamo noi a seguire i nostri comodi istinti (chiaramente non stiamo facendo del male a nessuno, ovvio, no?!?)

essere riconciliati con noi stessi non se ne parla manco lontanamente[46].

Su tutto, c'è questa spada di Damocle che pende sulla testa dell'uomo la cui vita sta andando a fuoco (purtroppo non consumato dallo Spirito, ma dalla paura cronica): «Non ce la farò mai!», oppure «Non cambierò mai!»

Sono frasi da cui dovremmo guardarci costantemente. Un'amica suora dice sempre che ogni frase contenente la parola "mai" dovrebbe farci suonare non un campanello di allarme, ma una forte sirena. Quella che indica che se la nostra vita è soffocata dal fumo della disperazione allora significa che la nostra Fede è ridotta ad un lumicino. Tutto questo, tipicamente, innesca un circolo vizioso di paure, affanni, fumo e fuoco che si ingigantisce sempre più. Infatti, oltre ad una radicale mancanza di fede (in noi stessi e in Dio e nella sua capacità di guarire e trasformare) l'idea stessa di uomo risulta storpiata. Cosa intendo dire con ciò?

Trattandosi di un processo, mi avvalgo di alcuni testimoni: gli alpinisti che per primi conquistarono l'Everest. È noto che impiegarono diversi tentativi prima di riuscire nella loro impresa. La montagna, infatti, continuava a respingerli e alcuni di essi morirono, tra essi Mallory. Nel ricordarlo, uno dei compagni si espresse così: «Everest! Io ti parlo a nome

---

[46] Sarà per questo che preferiamo tanto chiamare il sacramento della Riconciliazione con il nome di Confessione? Un affetto da Seite troverà ancora più bello l'altro nome che ogni tanto si usa: Penitenza. Trasformare tutta la vita in penitenza, sofferenza e schiavitù: questa è l'azione nefanda della peggior Seite sull'essere umano. E magari pure attribuire tutto questo a Dio: la ciliegina sulla torta di una infestazione da Seite coi fiocchi.

di tutti gli uomini coraggiosi. Tu ci hai sconfitti non una, non due, ma ben tre volte. Eppure un giorno saremo noi a vincere, perché tu non puoi diventare più grande di ciò che sei. Noi invece sì.»

L'uomo può sempre vincersi e migliorarsi: è un'affermazione, questa, che dovremmo chiedere a Dio di scolpire nei nostri cuori.

* * *

Il volto vero di Dio

Così dice il Signore che ti ha creato e, che ti ha plasmato: «Non temere, perché io ti ho riscattato, ti ho chiamato per nome: tu mi appartieni. Se dovrai attraversare le acque, sarò con te, i fiumi non ti sommergeranno; se dovrai passare in mezzo al fuoco, non ti scotterai, la fiamma non ti potrà bruciare; poiché io sono il Signore tuo Dio, il Santo di Israele, il tuo salvatore.

Perché tu sei prezioso ai miei occhi, perché sei degno di stima e io ti amo, do uomini al tuo posto e nazioni in cambio della tua vita. Non temere, perché io sono con te.»

Così dice il Signore al suo popolo: «Non ricordate più le cose passate, non pensate più alle cose antiche! Ecco, faccio una cosa nuova: proprio ora germoglia, non ve ne accorgete? Aprirò anche nel deserto una strada, immetterò fiumi nella steppa. Mi glorificheranno le bestie selvatiche, sciacalli e struzzi, perché avrò fornito acqua al deserto, fiumi alla steppa, per dissetare il mio popolo, il mio eletto.

Il popolo che io ho plasmato per me celebrerà le mie lodi.»

(Isaia 43,1-5.18-21)

È tempo, amici cercatori di Dio, di levare la maschera e svelare il vero volto di Dio! Nel capitolo precedente abbiamo parlato di maschere che indossiamo noi, qui parliamo delle maschere che facciamo indossare a Dio. Siamo cercatori degni del nome che portiamo se siamo disposti a trovare non ciò che abbiamo in testa, ma quello che Dio vuole realmente mostrarci.

Dunque, amanti di un dio guerriero, di un dio giudice inclemente, di un dio che sistema tutti con un "mal comune e mezzo gaudio", rassegnatevi. Se l'Antico Testamento vi aveva dato qualche speranza, l'avvento di Gesù ha spazzato via ogni falsa idea su Dio Padre. Non ve ne siete accorti?[47]

Basterebbe il capitolo di Luca 15, con le tre parabole sulla Riconciliazione e un Padre col cuore così grande da attendere insonne il ritorno del figlio ingrato e scialacquone...ma pur sempre figlio!

S. Agostino insegnava che col peccato cancelliamo la nostra immagine con Dio, ma che non potremo mai distruggere la somiglianza con Lui. Ovvero: per quante ne combiniamo, per quanto grande sia la nostra povertà, nulla potrà cancellare il nostro identikit di figli di Dio!

Altro episodio, altro scoprimento del volto vero di Dio: l'adultera colta in fragrante è portata dinanzi a Gesù

---

[47] Domanda retorica. Certo che NON ve ne siete accorti, altrimenti avreste cambiato idea da un pezzo. Ma ci siamo un po' tutti, affetti o no da Seite, nella sequela di quelli che vogliono un Dio guerrigliero pronto a scatenarsi a nostro fianco contro chi ci fa del male o ci mette i bastoni tra le ruote, specie quando siamo tutti intenti a compiere del bene. Ritornare con lo sguardo a Gesù è la miglior cura contro queste tentazioni (infatti, dice più volte Gesù: Non lo sapete che chi vede me vede il Padre? (Cfr. Gv 14,9)

(cfr. Gv 8, 1-11). La Legge (!)[48] prevede la sua lapidazione, i fedeli osservanti chiedono volutamente il parere di Gesù.[49] L'episodio è noto e non la faccio lunga: Gesù salva la peccatrice ma condanna il peccato. Gesù è allergico al peccato almeno quanto noi, ma ha un desiderio di bene e di salvezza per ogni uomo e donna che è infinitamente più grande dell'allergia di cui sopra.

Un'eco dell'Antico Testamento che si riverbera in tutta la vita di Gesù è questa: «Misericordia io voglio, e non sacrificio»[50]. E la misericordia mette al centro

---

[48] Quante guerre in nome della legge e in nome di Cristo e di Dio stesso! Un tempo venivano persino praticati i sacrifici umani a Dio in nome di una presunta "legge". Già prima della Sua piena rivelazione in Cristo, Dio stesso smentisce chi gli andava attribuendo questi ordini: «Hanno costruito l'altare di Tofet, nella valle di Ben-Hinnòn, per bruciare nel fuoco i figli e le figlie, cosa che io non ho mai comandato e che non mi è mai venuta in mente». (Ger 7,31) E ancora, rivolgendosi agli abitanti di Gerusalemme: «Hanno edificato alture a Baal per bruciare nel fuoco i loro figli come olocausti a Baal. Questo io non ho comandato, non ne ho mai parlato, non mi è mai venuto in mente». (Ger 19,5) Gesù riscontra anche al suo tempo (e chissà, magari anche oggi...) questo pericoloso atteggiamento di attribuire a Dio leggi e precetti umani: «Aveva ragione Isaia quando, parlando di voi, diceva: Il modo in cui mi onorano non ha valore, perché insegnano come dottrina di Dio comandamenti che son fatti da uomini» (Mt 15,9).

[49] Nota a latere: chiediamo il parere di Gesù per meglio comportarci o per testare la sua bravura? Magari metterlo giusto un po' alla prova... Sarà davvero all'altezza di Dio questo Gesù?!? Attenzione: la sirena d'allarme per l'emergenza "fede carente" sta nuovamente suonando...

[50] Questa espressione, usata dal profeta Osea, è accompagnata da questo altro invito: «Preferisco che il mio popolo mi conosca piuttosto che mi offra sacrifici» (Os 6,6). Gesù riprende queste parole in più di una circostanza, quasi a sottolineare l'urgente necessità del cuore dell'uomo di essere libero dal *devozionismo*, fatto appunto di sacrifici, fioretti, rinunce atte solamente a farci sentire dei "buoni praticanti" ma vuote di sentimento, compiute con lo sguardo fisso altrove e non su Dio. Chiediamoci con schiettezza: quali i frutti di questi pii sacrifici? Gesù non ne vede, scorge solo un contenitore senza contenuto. E allora invita:

nuovamente l'uomo, la sua capacità di conversione, di volgersi dal passato, di rendere nuove le cose, di farne germogliare altre, di migliorarsi. E questo perché l'uomo non è solo, ma ha Dio a suo fianco. Isaia ce lo ricordava già 2500 anni fa; lo Spirito che il Padre ha mandato ce lo ricorda ancora, ogni giorno, nella nostra vita, ogni volta che con un anelito invochiamo Dio come "Padre".

Un amico ripete sempre che Dio è un "padre" con il cuore di "madre". È in quella paternità-maternità che troviamo il nostro vero volto di figli, la capacità di affrontare la vita e di vincere le paranoie, i timori e le paure più nascoste.

«Abiterò in mezzo a loro
e camminerò insieme a loro.»

(2Cor 6,16)

«Come dev'essere spazioso
il luogo dove cammina Dio!
Uno spazio nei nostri cuori,
ove abita la carità dello Spirito Santo
che ci è stato donato.»

S. Agostino

«Andate, e imparate quel che significa: Misericordia io voglio e non sacrificio. Io non sono venuto a chiamare quelli che si credono giusti, ma quelli che si sentono peccatori» (Mt 9,13 – vedasi anche Mt 12,6). *Nota bene*: Gesù non dice che i peccatori sono migliori dei giusti, ma rivela una cosa molto semplice: la salvezza può essere accolta solo da chi si sente bisognoso di misericordia e di redenzione.

Spunti pratici

- ✓ Le tue paure ti schiacciano? La tua debolezza è troppo grande? Non fuggire da Dio, ma apri la finestra del tuo cuore. Riversa nelle mani di Dio ciò che ti angustia: Dio è pronto ad accogliere tutto ciò che riguarda te, anche e soprattutto le cose che ti schiacciano. Cristo è venuto per i malati, non per i sani; è venuto per portare con te quel peso, quella croce; è venuto per completare l'opera delle sue mani in te. Dio non ti abbandonerà mai!

- ✓ Senti la tua Fede fragile? Fa' come l'uomo che incontra Gesù e che grida: «Credo, aiutami nella mia incredulità!» (cfr. Mc 9,24). È questa una frase che puoi ripetere nella tua preghiera molte volte[51]: renderà più saldo il tuo cuore.

- ✓ Dedica una parte della tua preghiera al Padre. Quando pensi a Lui pensa alle parabole narrate da Gesù in Luca 15, oppure ad altri passi della Bibbia dove si coglie tutta la tenerezza di Dio. Diversi salmi (ad esempio: sal 5, sal 7, sal 9, sal 16[15], sal 22[21], sal 25[24], sal 27[26], sal 40[39], sal 51[50], sal 86[85], sal 91[90]) possono ben esprimere il tuo lamento davanti a Lui: fatti cullare dal suo affetto e lì troverai la forza per ripartire e rinnovare la tua carità. E pure la

---

[51] Tecnicamente questa terapia è chiamata *terapia ruminante*. È applicabile ad ogni malattia, basta scegliere la frase giusta da "far ruminare" dentro l'anima per l'intera giornata. Non perché la frase abbia il potere di una qualche "formula magica" (riecco il dio-genio della lampada!) ma perché quella Parola di Dio ci rivela qualcosa di profondo di noi stessi e di Dio. Riprenderemo questo uso terapeutico della Parola di Dio nel capitolo in cui affronteremo la Settite.

capacità sia di amare, sia di farti amare per ciò che sei.

✓ È il tempo di riscoprire la bellezza del pregare il "Padre Nostro". Soffermati *lungamente* sulla parola Padre[52]. In essa ci può essere il tuo grido oppure la tua ricerca di pace, il tuo bisogno di aiuto, oppure tutto il gusto della vita[53].

✓ Nella preghiera del Padre Nostro si chiede a Dio, padre che sa di quel che abbiamo bisogno ancor prima che glielo chiediamo, di santificare il suo nome con la nostra vita, che il suo Regno si manifesti attraverso la nostra vita e le nostre opere buone, che si compia la sua volontà in noi, che non ci manchi mai in ogni dì il pane materiale e spirituale, e che impariamo a essere misericordiosi come Lui lo è. E infine, gli chiediamo di trasformare la nostra debolezza, perché non cadiamo più nelle tentazioni e negli inciampi della vita. Insomma, è una preghiera in cui è riassunto tutto: non lasciare che si riduca a mera cantilena!

✓ Dai a Dio la gioia di sentirsi Padre, dai a Dio la gioia di credere in te! «Tu sei prezioso ai miei occhi...», «Se anche una madre si dimenticasse del suo figlio, io non mi dimenticherò mai di te...» «Ti

---

[52] San Francesco d'Assisi un giorno era in cammino con frate Leone verso casa. Il suo compagno gli domandò che potessero fare lungo la via. «Preghiamo il padre Nostro, ognuno in silenzio nel suo cuore...» propose Francesco. E così fecero. Non passò molto che frate Leone tornò a parlare. «E ora che si fa?» Francesco rispose: «Hai già finito? Io veramente sono ancora alla parola Padre...»

[53] «Gustate e vedete quanto è buono il Signore» ripete il salmista, che aggiunge «Ho cercato il Signore ed Egli mi ha risposto: da tutti i timori mi ha liberato!» (Sal 33 – caldamente consigliato per la preghiera da riabilitazione post Seite).

ho tessuto nel seno di tua madre, ti ho fatto come un prodigio...» Da questa fiducia che Dio ripone in te riparti per domandargli: che posso fare, o Dio, per essere anche oggi la tua gioia?

✓ Una preghiera che potrebbe esserti d'aiuto è la preghiera dell'Abbandono di Charles de Foucauld[54]:

«Padre mio, io mi abbandono a Te,
fa' di me ciò che ti piace.
Qualunque cosa tu faccia di me, ti ringrazio.
Sono pronto a tutto, accetto tutto,
purché la tua volontà
si compia in me
e in tutte le tue creature.
Non desidero niente altro, Dio mio;
rimetto l'anima mia nelle tue mani
te la dono, Dio mio,
con tutto l'amore del mio cuore,
perché ti amo.
Ed è per me un'esigenza d'amore

---

[54] *Abbandono.* Una status dell'anima da riscoprire (tanto per i malati con tendenza al dominio quanto per quelli con tendenza a farsi trasportare, come canna al vento, dallo scorrere della vita, delle sue mode, dei suoi piaceri, dei suoi alti e bassi). L'abbandono è ciò che contrasta l'angoscia: è la sicurezza in qualcosa o qualcuno di cui ci fidiamo. Nel nostro caso, «A sbarrare la strada all'angoscia è la presenza rassicurante del padre, creatore della vita. E, quindi, conoscitore della sua direzione, del suo senso. Senza un'esperienza significativa di padre, non sarebbe possibile provare quel sentimento di tranquillo affidamento alla vita, come manifestazione di Dio. [...] Senza quest'affidamento è la stessa confidenza nella vita che viene a mancare. Il suo posto viene in tal caso preso da quella smania di controllo sull'esistenza, preoccupata e ansiosa, che è caratteristica della nevrosi ossessiva, signora del nostro tempo tardomoderno». [Tratto da: Claudio Risè, Il Padre – l'assente inaccettabile, Ed. San Paolo, 2003]

il darmi,
il rimettermi nelle tue mani,
senza misura,
con una confidenza infinita,
poiché Tu sei il Padre mio.»

1

Ringraziare dilata il cuore

~Per combattere la Unite~

**Avevo promesso, se ricordi,
di dimostrarti che v'è un essere più elevato
della nostra mente e della nostra ragione.
Ecco, è la verità stessa: abbracciala, se puoi, e godila.**

S. Agostino

**Rallegratevi nel Signore, sempre;
ve lo ripeto ancora, rallegratevi.**

Fil 4,4

Un solo raggio

«Quanto vorrei avere una fede e una conoscenza di Dio piena, totale, perfetta» disse un giorno un discepolo di Domenico al grande santo.

«E perché mai? – rispose san Domenico – Pensa a un ammalato divorato dalla febbre; non s'immaginerebbe di poter bere un'intera tinozza d'acqua? Eppure quando la febbre se ne va, gli basta un bicchiere per la sua sete, e forse persino metà. Così, quando si è presi dal turbine del desiderio di Dio, ci si immagina di portare nel proprio cuore l'infinito di Dio. Quando questa illusione sparisce, basta un unico raggio della sua luce per inondarci di felicità e di speranza.»

[Antica leggenda domenicana – Tratta da: Il libro degli esempi, Ed. Gribaudi]

L'illusione della perfezione è una bella illusione, perché fa tendere il cuore dell'uomo verso mete alte. Ma può renderlo profondamente infelice, perché, appunto, è una illusione. Basta invece molto meno per dilatare il cuore: basta cogliere la bellezza di un raggio di luce, e ringraziare.

* * *

L'assemblea degli attrezzi

«L'assemblea è aperta!» Batté forte il Martello sul tavolo.

«Propongo immediatamente che la Pialla sia espulsa – prese immediatamente la parola il Cacciavite – il suo rumore è assordante, disturba l'intera cassetta degli attrezzi quando siamo a riposo!»

Ci fu subito trambusto. Cartavetro, Raspa e Sega si schierarono in difesa della Pialla, mentre Bulloni, Chiodi, Vite e Pinze sostennero a gran voce la posizione del Cacciavite.

«Signori, scusate – era la voce dell'anziana Ascia che chiedeva la parola – io comprendo le vostre ragioni, ma ritengo in questo momento più utile parlare della questione inerente sorella Sega. I suoi denti sono troppo affilati, e con quel suo carattere mordace e aggressivo... ha passato ogni limite! Per piacere, si voti subito per il suo allontanamento...»

«Come osi? Tu tagli di netto tutti i rapporti, da sempre, signora Ascia! – replicò pungente la Sega, che si rivolse quindi all'assemblea – Ha tagliato con tutti; oggi se la prende con me, domani attaccherà voi!»

«A proposito di attacchi – intervennero i forzuti Morsetti – vogliamo parlare di quello che combina sempre quella banda senza controllo dei Chiodi?!?»

«Sempre meglio di quella infida di Cartavetro... Si spaccia per innocua e appena ti avvicini graffia che è un piacere! Bisogna ben guardarsi da lei, signori!» sentenziò il Martello battendo nuovamente sul tavolo, ma questa volta ottenendo non il silenzio ma le grida di molti che gridavano: *«Chi ti credi d'essere? Nessuno ti ha eletto presidente! Vattene pure tu, sei pesante e rumoroso! Basta un niente che picchi tutto e tutti! E non negarlo: è la verità! Via da qui!»*

La famiglia dei Chiodi insorse contro quella delle Viti, il Cacciavite cercò di far presa sulla Cartavetro mentre questa si abbatteva sul Martello per zittire i suoi violenti colpi. I Morsetti furono attaccati per la loro fermezza dai Bulloni e questi ultimi a loro volta dovettero vedersela con i Cunei per questioni di forme e di estetica. La Sega, che prima pensava solo a far espellere Ascia, ora era schierata contro il Martello e questi, sentendosi accerchiato, prese a menare colpi a destra e a manca... In men che non si dica l'assemblea si trasformò in una rissa generale, dove tutti avevano espulso tutti e dove ognuno badava solo a ferire, colpire e graffiare chi aveva a suo fianco.

Poi all'improvviso ci fu silenzio. Si era aperta la porta: era entrato il Mastro Artigiano. Questi portò un grande tronco dentro la bottega. Prese l'Ascia e grazie alla sua lama affilata sfrondò i rami, prese i Cunei che tutto penetrano e spaccò il tronco in due, con la Sega ben temperata ne fece altre parti che trasformò quindi in parti sagomate grazie alla Pialla ben affilata; con il lavoro combinato dei saldi Morsetti e della Lima che graffia e raffina smussò le punte. Il falegname prese poi i Chiodi che penetrano a fondo e, grazie al Martello che ben assesta i colpi contro il ferro e con le Pinze a guidare e correggere, unì al meglio le diverse parti. Con la Cartavetro che sa compiere un attento lavoro fine, completò il tutto prima che Viti e Bulloni (con l'ausilio del Cacciavite) potessero assicurare stabilità all'opera ultimata.

Un bellissimo lettino a dondolo con le volute rifinite con angeli e stelle, fatto per accogliere una nuova vita, e tutti – Mastro Artigiano e attrezzi – lo guardavano con immenso orgoglio.

A te la scelta, amico lettore, in quale attrezzo del falegname immedesimarti e contro quale altro scagliare le tue critiche. Aggiungici pure qualche lamentela, silenzi di tomba, occhiatacce[55] in grado di fulminare chiunque non stia a distanza di sicurezza, tono della voce che va dall'acido all'acuto[56], e quant'altro ti possa venire in mente per far sottolineare all'altro tutta la sua imperfezione.

La critica degli altri – siamo schietti – è un male che prima o poi colpisce tutti e che ci rende schiavi del nostro punto di vista. Vivere di critiche e inquadrare le persone per le sole cose che non sanno fare bene è

---

[55] Gli affetti da Unite son tremendi con il loro sguardo. Riescono a cogliere il minimo difetto che non va. Tipicamente mettono in soggezione persino i loro familiari, tanto sanno essere noiosi e petulanti. Per fortuna, tu di certo non appartieni a questa onorata comunità di appestati, nemmeno in rare occasione: sarai senz'altro qualche altro strumento meno pungente! O no?!?

[56] Acuto? Acuto?!? Ma quando mai? Per piacere, non dite ad un portatore di Unite che sta parlando in maniera acuta o che sta gridando. LUI NON GRIDA MAI, chiaro!?!

vivere profondamente lontani da Dio. È dimenticare qualità, doti e carismi che Egli ha posto in ogni persona[57].

Il racconto si conclude con una frase che ci mostra il cambio di stile e di prospettiva adottato ancora una volta da Dio: Dio ci guarda con l'occhio del falegname, con l'occhio di chi ha un progetto per noi e di chi sa che con le specificità di ognuno può realizzare qualcosa di molto buono e molto bello.

Mi piace immaginare questo falegname mentre lavora: con un sorriso negli occhi. Il sorriso di chi ringrazia ogni volta che prende in mano uno strumento, perché senza di esso il lavoro non potrebbe procedere così spedito, il sorriso di chi è felice di adoperarsi per qualcosa di buono avvalendosi di così tanti fidati collaboratori.

È il sorriso – amico che non puoi fare a meno di notare l'imperfezione che c'è anche in te e in quello che produci – è il sorriso che ha la capacità di trasformare vita e giornate, lavoro e affanni, irrequietudine e insoddisfazione.

Fa' entrare il sorriso nella tua preghiera! Una preghiera col muso è una preghiera ferma all'ora buia della croce. Essa non dura per sempre: subito dopo c'è la Risurrezione e tutti siamo chiamati a convertirci alla gioia di una Fede non più crocifissa ma che sia Lode al Dio della vita[58].

---

[57] Robert Baden-Powell, ideatore del metodo educativo Scout, ripeteva sempre che in ogni persona c'è sempre *almeno* il 5% di buono (e pure almeno un altro 5% di umoristico).

[58] I primi crocifissori della nostra fede siamo spesso noi stessi (si rimanda per questo al capitolo precedente). Oltre ai crocifissori esiste però un'altra categoria diffusa di simil masochisti: i *crociferi*, ossia gli eterni

«Il sorriso è una chiave che apre molti cuori.»

Robert Baden-Powell

* * *

Come uccelli del cielo e gigli di campo

In quel tempo Gesù disse: «Per la vostra vita non affannatevi di quello che mangerete o berrete, e neanche per il vostro corpo, di quello che indosserete; la vita forse non vale più del cibo e il corpo più del vestito?

Guardate gli uccelli del cielo: non seminano, né mietono, né ammassano nei granai; eppure il Padre vostro celeste li nutre. Non contate voi forse più di loro?

E chi di voi, per quanto si dia da fare, può aggiungere un'ora sola alla sua vita?

E perché vi affannate per il vestito? Osservate come crescono i gigli del campo: non lavorano e non filano. Eppure io vi dico che neanche Salomone, con tutta la sua gloria, vestiva come uno di loro. Ora se Dio veste così

---

portatori della croce (da non confondere con i *Cirenei della gioia*, coloro che pur costretti a portare una croce che non gli spetta, non cessano di spandere la loro fragranza vitale, la loro voglia di spendersi per il Regno di Dio in mezzo agli uomini). Quando si parla di crociferi si parla, in primis, degli affetti da Quattrite, abilissimi a crogiolarsi in ogni dolore, capaci pure di crearselo quando esso non c'è. Per la cura si rimanda al capitolo ad essi dedicato, ma intanto non prendiamoli d'esempio, e non andiamo cercando tutta la vita il Nazzareno crocefisso! Egli non giace sepolto a custodire l'imperfezione dell'uomo, né è morto per condannarla in aeternum: è Risorto e con lui anche la nostra umanità. San Paolo lo ribadisce: «Egli fu crocifisso per la sua debolezza, ma vive per la potenza di Dio. E anche noi che siamo deboli in lui, saremo vivi con lui per la potenza di Dio nei vostri riguardi.» (1Cor 13,4)

l'erba del campo, che oggi c'è e domani verrà gettata nel forno, non farà assai più per voi, gente di poca fede?

Non affannatevi dunque dicendo: Che cosa mangeremo? Che cosa berremo? Che cosa indosseremo? Di tutte queste cose si preoccupano i pagani; il Padre vostro celeste infatti sa che ne avete bisogno.

Cercate prima il regno di Dio e la sua giustizia, e tutte queste cose vi saranno date in aggiunta. Non affannatevi dunque per il domani, perché il domani avrà già le sue inquietudini. A ciascun giorno basta la sua pena.»

(Mt 6,25-34)

Cercatori di perfezione, gioite! La perfezione che cercate non potrà mai essere raggiunta! Sì, avete capito bene: Gesù invita ad essere "perfetti come il Padre che è nei cieli" (cfr. Mt 5,48) ma poi ci mostra che è realisticamente impossibile calcolare tutto con metodo e scrupolo nella propria vita. Ed io aggiungo pure l'invito, per questa (apparente) discrepanza, di gioire. Perché?

Occorre fare chiarezza[59]: la perfezione cui rimanda Cristo è la perfezione della Natura, che si realizza

---

[59] Finalmente una cosa che darà un po' di sollievo ai portatori di Unite: fare chiarezza, procedere cartesianamente, con metodo e rigore. Queste cose (il metodo e il rigore) di per sé non sono male, ma è la loro assolutizzazione a renderle infernali per chi gravita intorno ai suoi più fedeli utilizzatori (ossia gli indefessi malati di Unite). In quest'ottica, il trionfo dell'Unite più acuta e perniciosa si ha con i sistemi totalitari: si pensi alla perfetta razionalità (spinta agli estremi) con cui venivano mandati avanti i campi di concentramento.

giorno dopo giorno, nell'oggi[60]. È questa – ci rivela Gesù – una perfezione che neanche Salomone, con tutta la sua gloria e tutta la sua sapienza, può raggiungere: solo Dio ne è artefice. Ed il nostro compito non è quello di essere, come lui, artefici divini, ma, più umilmente, quello di essere il campo di Dio, ossia collaboratori della sua azione, terreno buono che sa accogliere (e riconoscere) l'azione divina nella propria vita[61].

Accanto a questa perfezione della Natura, Gesù rimanda ovviamente ad un'altra perfezione: quella del Padre che, come si è visto nel capitolo precedente, è l'espressione più alta della tenerezza e della misericordia. Espressione così alta da essere, appunto, perfetta.

---

[60] I tempi della Natura sono tempi molto sapienti. L'uomo che vive in campagna lo sa bene. Anche la Parola di Dio lo conferma in diversi passi, non solo in questo che abbiamo letto. Ad esempio San Paolo ci ricorda: «Né chi semina, né chi irriga, ma è Dio che fa crescere e germogliare...» (1 Cor 3,7 – cfr. anche Sal 127[126],1-2).

C'è un racconto della tradizione orientale che pone un bel parallelo tra sviluppo della Natura, ricerca della perfezione e crescita spirituale. Ancora una volta il protagonista è un intagliatore di giada:

Un uomo che viveva a Song intagliò per il suo principe una foglia di gelso in purissima giada. Per raggiungere l'assoluta perfezione impiegò più di tre anni, sino a che nessuno seppe più distinguere la sua foglia da quelle vere. Quando venne a conoscenza di ciò, un saggio disse: «Se il cielo e la terra, nella creazione degli alberi, dovessero impiegare tre anni per fare una foglia perfetta, sarebbero ben pochi gli alberi fronzuti. Così, per la crescita interiore, le tecniche possono servire come base di partenza; ma basta un piccolo slancio del cuore per correre realmente verso Dio»

[Tratto da: Il secondo libro degli esempi, Ed. Gribaudi, 1993].

[61] «Siamo collaboratori di Dio nel suo campo, e voi siete il campo di Dio» (1 Cor 3,9) Essere terra buona: riprenderemo questo tema nel prossimo capitolo.

Gesù punta alto[62] quando dice di essere perfetti come il Padre, ma ha in mente con ciò un grande allenamento per la nostra carità, per la nostra capacità di farci, come lui, pane spezzato sulla mensa degli uomini. Il suo intento non è certo quello di rafforzare la nostra corsa verso gli affanni, né verso quella perfezione che unicamente noi abbiamo in testa.

Saremo giudicati non sul dovere, né sulla bravura con cui abbiamo organizzato la nostra vita e gestito i suoi affanni, né per la capacità con cui abbiamo riempito la nostra agenda, programmato al meglio la vita di chi ci è caro o di chi ci è affidato. Saremo giudicati su una cosa sola: sulla carità[63].

Per compiere questo passaggio, la nostra vita e ancor più la nostra preghiera devono muoversi verso un punto chiave: il *ringraziamento*.

Esso è come un belvedere a cui può sostare lo scalatore ardito[64] che ha deciso di scalare la montagna (ossia la

---

[62] È una caratteristica di Dio puntare alto. Come già detto nei primi capitoli, «Solo chi sogna in grande resta al ritmo di Dio» (Andrea Gasparino).

[63] Paolo di Tarso, portatore di Unite, cammin facendo lo capisce. Anche lui deve convertirsi, non solo da persecutore dei cristiani ad Apostolo di Cristo, ma anche da organizzatore di Comunità a discepolo bisognoso di carità e spezzato ad ogni carità (si vedano gli *spunti pratici* di questo capitolo). Le sue puntali direttive e le sue concrete raccomandazioni alle varie comunità così si concludono: «E sopra tutte queste cose, vestitivi della carità che è il vincolo della perfezione» (Col 3,14).

[64] I portatori di Unite hanno nel DNA l'essere scalatori arditi. Questa peculiarità può rivelarsi una dote preziosa: essi vedono con maggior chiarezza le mete da raggiungere e possono indicarle agli altri. Attenzione però: le vie per raggiungere la meta prefissata possono essere più d'una ma di questo, solitamente, il contagiato da Unite non tiene conto... Inutile descrivere le funeste ricadute di questa ennesima assolutizzazione della propria visione di vita.

ricerca del Regno di Dio e la sua giustizia, per rifarsi alle parole del Vangelo). È importante fermarsi per riposare e dare fiato ai polmoni: si apre lo sguardo, si ossigena lo spirito: nasce la lode e la preghiera si dilata. Fino ad innescare nell'animo la cosiddetta "catena dei grazie", una terapia capace di ubriacare la persona di gioia[65].

Non ci sono molte altre "ricette" da dare in questo capitolo: ringraziare è un'arte semplice, che più la si pratica e più viene da sé, più la si esercita più porta frutti immediati. Il "non affannarsi" a cui invita Gesù è proprio uno di questi frutti.

Spunti pratici

✓ Se hai difficoltà ad entrare nel circolo virtuoso del ringraziamento, è consigliata l'associazione al "circolo dei tre grazie". Chi vi aderisce si impegna, per un periodo stabilito[66], a non lasciare che il sonno rapisca la propria persona prima di aver ringraziato Dio per almeno tre doni concreti ricevuti nella giornata appena conclusa. Per

---

[65] ...e di stordire, come il più potente dei vaccini, il germe della Unite! Avete mai sperimentato quel senso di allegrezza che sopravviene quando la febbre alta sparisce? La catena dei grazie produce gli stessi effetti sull'anima resa febbricitante dagli attacchi del perfezionismo. *Nota alla nota:* Il vino che, come è risaputo, porta a stati di euforia e di ubriachezza, nella Bibbia è quasi sempre associato proprio alla gioia. Ciò viene indicato ad esempio con l'espressione «Aprire il cuore alla gioia» (cfr. Rt 3,7 – Gc 19,22). Il primo miracolo di Gesù a Cana di Galilea è proprio legato all'acqua scialba, simbolo di una vita insipida, trasformata nel vino migliore, simbolo di una vita piena, vissuta nella gioia delle fede. E sarà un caso che Gesù scelga proprio il vino per donarci il suo sangue nell'Eucaristia?

[66] Può essere anche tutta la vita!

favorire la costanza, gli aderenti al circolo sono
soliti mettere ogni sera per scritto i tre doni[67].

✓ Una volta iniziato a sperimentare il
ringraziamento, è importante provare ad allargare
l'orizzonte di questo ringraziamento, in particolare
indirizzarlo verso quelle persone con cui viviamo
giornalmente e con cui, pure, abbiamo modo di
scontrarci. Porta buoni frutti nel carattere e nel
modo di vedere le cose il passare queste persone,
una per una, di fronte a Dio e lo sforzarsi, per
ognuna, di trovare almeno un pregio o un
qualcosa di buono compiuto di recente per cui
ringraziare. Frutto della costanza in questa
preghiera è un miglioramento generale dei
rapporti umani[68].

✓ Nel ricevere Gesù Eucaristia, vivi con Lui questa
dimensione del "ringraziamento". Eucaristia
significa proprio *rendimento di grazie*: lasciati
invadere dalla gioia di Gesù che oggi viene ospite
a casa tua! (Cfr. la gioia di Zaccheo che accoglie la
visita inaspettata di Gesù in Lc 19, 1-10)

✓ Il contatto con la Natura, il dedicarsi alla sua cura
(un piccolo orto, un giardino, un terrazzo con
qualche pianta, ...) o lo stare immerso in essa (una
passeggiata, una escursione, ...) ti può aiutare ad
attendere i tempi di Dio[69], a procedere per piccoli

---

[67] Il rileggere a distanza di tempo i doni colti diviene un modo efficace per fare memoria del passaggio di Dio nella propria vita.

[68] Le persone affette da Unite cronica sono molto carenti nei rapporti umani e affettivi. L'Unite è infatti intrinsecamente portatrice di tutti quegli agenti atti a indebolire amicizie e relazioni. Come si diceva, il ringraziamento è un vaccino così potente da espandere i suoi benefici anche verso questi rapporti compromessi.

[69] L'Unite (ma non solo lei) ha tra i suoi effetti collaterali quello di generare impazienza. *Forte impazienza* se l'Unite è in stato avanzato. Senza

passi e a ringraziare per la bellezza che è nascosta nelle piccole cose. Perché non rileggere e fare diventare preghiera il Cantico delle creature di San Francesco?

✓ Un passo della Parola di Dio che può entrare a valido motivo nella tua preghiera è l'*inno alla carità* di San Paolo (fu portatore di Unite). Ogni volta che la collera, l'ira, la rabbia per qualcosa che non va come vorresti tu si fanno sentire, prova a ripeterti: «Senza la carità sono nulla!» Se aggiungi un sorriso allo Spirito Santo, potresti pure essere in grado di osservare quello che ha alterato la tua pace interiore sotto tutta un'altra prospettiva...

**«Se anche parlassi le lingue degli uomini
e degli angeli,
ma non avessi la carità,
sono come un bronzo che risuona
o un cembalo che tintinna.**

**E se avessi il dono della profezia
e conoscessi tutti i misteri e tutta la scienza,
e possedessi la pienezza della fede
così da trasportare le montagne,
ma non avessi la carità, non sono nulla.**

**E se anche distribuissi tutte le mie sostanze
e dessi il mio corpo per esser bruciato,
ma non avessi la carità, niente mi giova.**

---

passare agli eccessi della Novite (il continuo procrastinare!), occorre acquisire un giusto rapporto con il tempo, un altro dono di Dio per cui ringraziare e da trattare, appunto, come tale (dono dato anche agli altri!) e non come un mero strumento da piegare al proprio servizio!

La carità è paziente, è benigna la carità;
non è invidiosa la carità,
non si vanta, non si gonfia,
non manca di rispetto,
non cerca il suo interesse,
non si adira,
non tiene conto del male ricevuto,
non gode dell'ingiustizia,
ma si compiace della verità.

Tutto copre, tutto crede,
tutto spera, tutto sopporta.

La carità non avrà mai fine.
Le profezie scompariranno;
il dono delle lingue cesserà
e la scienza svanirà.

La nostra conoscenza è imperfetta
e imperfetta la nostra profezia.
Ma quando verrà ciò che è perfetto,
quello che è imperfetto scomparirà.
Quand'ero bambino, parlavo da bambino,
pensavo da bambino, ragionavo da bambino.
Ma, divenuto uomo,
ciò che era da bambino l'ho abbandonato.

Ora vediamo come in uno specchio,
in maniera confusa;
ma allora vedremo a faccia a faccia.
Ora conosco in modo imperfetto,
ma allora conoscerò perfettamente,
come anch'io sono conosciuto.

Queste dunque le tre cose che rimangono:
la fede, la speranza e la carità;
ma di tutte più grande è la carità!»

(1 Cor 13, 1-13)

Una vita fondata
sulla roccia della Parola

~Per combattere la Settite~

State attenti a non riporre la vostra fiducia
sul denaro, sulle amicizie umane
e sugli onori o le vanità del secolo!

S. Agostino

Accogliete con docilità la parola seminata in voi:
essa può salvare le vostre anime!

Gc 1,21

Il cesto di vimini

Un giovane novizio si recò da un vecchio eremita. Quel giorno era terribilmente amareggiato: tutti gli sforzi che faceva per mettere in pratica la Parola gli sembravano inutili. Si inginocchiò ai piedi dell'anziano monaco e con il volto fra le mani confessò: «La mia vita spirituale è come un cesto di vimini: l'acqua della Parola vi scorre tutta via! Lascio questa vita e torno nel mondo.»

Il vecchio eremita abbracciò il novizio e lo istruì con dolcezza: «Fratello, tu non conosci i poteri dell'acqua. L'acqua di sorgente compie nel cesto almeno due meraviglie: lo lava, e un cesto pulito può essere utile a molte cose, e poi rende più resistenti i vimini, affinché durino più a lungo. I medesimi effetti li opera in te la Parola di Dio. Forse tu non te ne accorgi, ma gli altri — coloro che ti usano appunto come un recipiente — sì. Sentono che possono fidarsi di te. Sentono che sei in grado di "contenerli". Quale grande onore essere un cesto di vimini nella vigna del Signore, non trovi?»

[Tratto da: Il secondo libro degli esempi, Ed. Gribaudi, 1993]

Lo Spirito Santo rende efficace e penetrante la Parola di Dio. Con pazienza essa "scava" la nostra vita: senza nulla toglierle alla sua varietà e gioiosità, la trasforma in qualcosa di utile per gli altri.

Puoi scegliere anche tu se essere canna al vento o cesto di vimini della vigna del Signore.

* * *

Il gioco dei gioielli

Kim, o per citare il suo nome per esteso, Kimball O' Hara, era figlio di un sergente di un reggimento irlandese stanziato in India. Padre e madre morirono mentre era ancora piccolo, ed egli rimase affidato ad una zia.

I suoi compagni di gioco erano tutti indigeni, e così egli imparò la loro lingua ed i loro costumi. Divenne più tardi grande amico di un vecchio lama girovago e viaggiò con lui per tutta l'India settentrionale.

Un giorno gli accadde d'incontrarsi con il vecchio reggimento di suo padre e mentre ne visitava l'accampamento fu arrestato perché scambiato per un ladro. Ma gli furono trovati indosso il certificato di nascita ed altre carte, per cui il reggimento, vedendo che in un certo modo gli apparteneva, se ne prese cura e ne iniziò l'educazione. Tutte le volte però che rimaneva libero per le vacanze, Kim tornava agli abiti indiani e si mescolava agli indigeni come uno di loro.

Dopo qualche tempo conobbe un certo signor Lurgan, un mercante di gioielli antichi e curiosità indigene, il quale, per la sua grande conoscenza degli indigeni, era anche membro del Servizio Segreto d'Informazioni del Governo. Quest'uomo, scoperto che Kim aveva una così profonda conoscenza delle abitudini e dei costumi degli indigeni, pensò che avrebbe potuto far di lui un utilissimo agente del Servizio Segreto.

In casa del ricco Lurgan stava pure un giovane ragazzo indù di poche parole e dagli occhi vellutati. Inizialmente geloso della presenza di Kim, venne nominato da Lurgan suo maestro...

«Per ora Kim deve stare qui ad imparare...e tu sarai il suo maestro. Fa' con lui il Gioco dei Gioielli. Io segnerò i punti.»

Il ragazzino corse nel retrobottega, tornandone con un vassoio di rame.

«Dammeli! – disse a Lurgan – Fammeli venire dalla tua mano, altrimenti potrebbe dire che li conoscevo già.»

«Calma...calma» replicò l'uomo, e prese da un cassetto una manciata di pietruzze che lasciò cadere nel vassoio con un prolungato tintinnio.

«Su, straniero – disse il ragazzino, spiegando un vecchio giornale – guardali quanto vuoi. Contali, e se vuoi toccali

*pure. A me basta un'occhiata.» E voltò orgogliosamente
le spalle.*

«Ma com'è il gioco?»

*«Quando li avrai contati e toccati e sarai sicuro di poterli
ricordare tutti, io li coprirò con quel foglio, e tu dovrai
dirne il numero a Lurgan. Io scriverò il mio.»*

*«Oh!» L'istinto della gara si ridestò nel petto di Kim. Si
chinò sul vassoio. C'erano soltanto quindici pietre. «È
facile» disse dopo un minuto. Il ragazzino stese il foglio
sui gioielli ammiccanti e scribacchiò qualcosa in un
taccuino indigeno.*

*«Sotto quel foglio ci sono cinque pietre azzurre... una
grossa, una più piccola e tre piccolissime – disse Kim
tutto d'un fiato. – Ci sono quattro pietre verdi, ed una è
bucata; c'è una pietra gialla trasparente ed una a forma
di bocchino da pipa. Ci sono due pietre rosse e... e... ne
ho contate quindici ma due le ho dimenticate. No! dammi
tempo. Una era d'avorio, piccola e bruna; e...dammi
tempo...»*

*«Uno... due...» Lurgan contò fino a dieci. Kim scosse il
capo.*

*«Senti me ora! – gridò il fanciullo, vibrando di gioia –
Prima di tutto ci sono due zaffiri incrinati... uno da due
rattee, e se non sbaglio uno da quattro. Lo zaffiro da
quattro rattee è scheggiato da una parte. C'è un
turchese del Turkestan, comune, con venature nere, e ci
sono due pietre incise... una con il nome di Dio a lettere
d'oro e l'altra che non riesco a leggere, essendo incrinata
perché proviene da un vecchio anello. Le pietre azzurre,
in tutto, sono cinque. E ci sono quattro smeraldi incrinati,
ma uno è forato in due punti e l'altro è un po' intagliato.»*

«Quanto pesano?» domandò impassibile Lurgan.

«Tre...cinque... cinque... e quattro rattee, press'a poco.
C'è un pezzo di antica ambra verdastra da pipa e c'è un
topazio tagliato d'Europa. C'è un rubino della Birmania
da due rattee senza neppure un'incrinatura, e un
balascio macchiato da due rattee. C'è un avorio lavorato
della Cina, raffigurante un tipo che succhia un uovo;
finalmente c'è...ah, ah!... una palla di cristallo, grossa
come una fava, incastonata in una foglia d'oro.»

Alla fine della sua enumerazione, il fanciullo batté le
mani.

«È il tuo maestro» disse Lurgan con un sorriso rivolto a
Kim.

«Uh! Conosceva i nomi delle pietre – disse arrossendo
Kim – Proviamo ancora. Ma con oggetti semplici
conosciuti tanto da me quanto da lui.

Ammucchiarono nel vassoio cianfrusaglie raccolte nella
bottega e perfino in cucina, ed ogni volta vinse il
ragazzino, con grande meraviglia di Kim.

«Bendami gli occhi... fammi toccare gli oggetti una volta
sola, e anche così bendato ti batterò» lo sfidò il ragazzo
indù.

Kim batté i piedi per la stizza, quando l'altro dimostrò
che la sua vanteria era fondata.

«Se si trattasse di uomini... o di cavalli – disse – me la
caverei meglio. Questo gioco con le pinze, i coltelli e le
pietre colorate è troppo insulso.

«Prima impara e poi insegna – disse Lurgan – Non vedi che ti è maestro?»

«È vero. Ma come si fa?»

«Ripetendo il gioco molte volte, finché non riesce perfetto... perché è abbastanza utile.»

Il ragazzino indù, tutto felice, batté la mano sulla spalla di Kim. «Non ti scoraggiare – disse – Ti insegnerò io.»

«E io baderò che t'insegni bene – disse Lurgan – poiché salvo il mio ragazzo è molto tempo che non mi imbattevo in uno degno quanto te di essere istruito. E ci sono ancora dieci giorni prima che tu debba ripartire...»

Furono dieci giorni di follia, ma Kim si divertì troppo per rendersene conto.

[Liberamente tratto da: Rudyard Kipling, Kim, Cap. IX]

C'è un'idea che dilaga nella società moderna almeno quanto le notizie di cronaca nera sui giornali e che attecchisce bene almeno quanto le novità di gossip (per le donne) e di calcio (per gli uomini). Sto parlando, amico lettore, dell'idea che parlare di religione implichi necessariamente fare discorsi seri e noiosi, che immettere un briciolo di spiritualità nella propria vita possa perniciosamente contagiare una vita intessuta di gioia[70].

---

[70] E questo perché la gioia viene confusa e mistificata con ciò che gioia vera non è: i capricci delle mode, dell'io e delle proprie voglie. Questo riguarda massimamente il virus della Settite il cui motto è quasi scontato riportare: Gaudeamus igitur! (Godiamo ordunque!) La Settite, infatti, porta i suoi contagiati ad entrare, più o meno coscientemente, nella setta

Chiedo pubblicamente venia: avrei dovuto inserire questa considerazione e questo racconto all'incipit dell'incipit[71]. Kim ci mostra come ci si possa divertire non tanto andando dietro all'io e alle proprie voglie, ma impegnando la mente in attività *anche* faticose ma *pure* costruttive. Lo stesso vale per la vita di tanti santi[72]. Sovente nella vita di questi "fratelli maggiori" nella fede si può cogliere la manifestazione di una pienezza di

____

delle "Tre P" – così denominata per via dei tre dei che vengono onorati e serviti dai membri della setta stessa: il dio Potere, il dio Piacere e il dio Possesso. Inutile dire che nulla hanno a che vedere con il Dio vero, il quale viene invece ritratto dai membri più fervorosi della setta come serio, borioso, liberticida e, talvolta pure, come un punitore, ovviamente crudele.

[71] Analisi medico-scientifiche incrociate di più laboratori confermano la grande infestazione di Settite che la società moderna sta subendo. Ne è emblema la seguente catena di uguaglianze: serio = noioso = da evitare = Chiesa Cattolica = imposizioni = catene = vita affranta. E si potrebbe andare avanti. Al lettore è lasciata per esercizio la dimostrazione di suddetta uguaglianza. Terminato lo svolgimento, si consiglia immediata visita al reparto disinfestazione da Settite grave e acuta.

[72] Un esempio su tutti: Francesco da Assisi (fu affetto da Settite). Dopo la conversione che lo portò ad abbandonare la vita fatta di lusso e agiatezze nella casa del ricco padre per avere come solo Padre quello nei cieli, Francesco *"brama di possedere la sapienza che è migliore dell'oro e di ottenere la prudenza che è più preziosa dell'argento"*; inoltre *"poiché la pazienza val più dell'arroganza, Francesco non si lasciava disanimare né sconfiggere da insulto alcuno e ringraziava Dio per le prove"*. Spiegava agli amici: *"Il cristiano ha il mandato di rallegrarsi nelle tribulazioni: neppure sotto i flagelli e le catene può abbandonare la sua linea di condotta e di spirito e lasciarsi sviare dal gregge di Cristo. Non lo intimorisce il diluviare di molte acque, lui, che in ogni angustia ha per rifugio il Figlio di Dio, il quale perché non riteniamo troppo pesante il giogo delle nostre sofferenze, ci mostra quanto sono assai più grandi quelle che egli ha sopportato per noi"*. Scrive nel testamento: *«Quando era ancora nei peccati, mi pareva troppo amaro vedere i lebbrosi, e il Signore mi condusse tra loro e con essi usai misericordia. E allontanandomi da loro, ciò che mi sembrava amaro mi fu cambiato in dolcezza di animo e di corpo».* [Fonti Francescane 335; 338; 340; 348].

gioia che non può essere il risultato del mero caso della vita (il "caso", come un pendolo, oscilla: oggi è fortuna che ti sorride, domani è avversità che ti fa lo sgambetto; ben diversa è la Provvidenza di Dio!).

La verità del cuore di ogni uomo è infatti la ricerca di quel senso di pienezza e di assoluto assimilabile ad una sete profonda, una sete che i semplici godimenti materiali non riescono ad estinguere[73]. Il vento mutevole dei piaceri e delle passioni porta, al massimo, a distrarre l'attenzione (il cervello viene cioè messo in stand-by), ma non placa quella sete di verità che ci fa essere tutti, in misura più o meno evidente, cercatori di Dio[74].

---

[73] Si veda a questo proposito l'incontro tra Gesù e la Samaritana al pozzo (Gv 4), interamente incentrato proprio sul tema della sete, che solo il Cristo, sorgente dell'acqua di vita, può estinguere nel cuore dell'uomo.

[74] Una nota che meriterebbe senz'altro ben più spazio: spero che tu, caro lettore, non te la lascerai sfuggire. Sono le parole di Giovanni Paolo II rivolte ai giovani (secondo le statistiche i più esposti al virus della Settite) in occasione della Giornata Mondiale della Gioventù di Roma nel 2000:

Nel 2000 è difficile credere? Sì! È difficile. Non è il caso di nasconderlo. È difficile ma con l'aiuto della grazia è possibile, come Gesù spiega a Pietro:

«Né la carne, né il sangue te l'hanno rivelato, ma il Padre mio che sta nei cieli» (Mt 16,17).

Questa sera vi consegnerò il Vangelo. È il dono che il Papa vi lascia in questa veglia indimenticabile.

La Parola in esso contenuta è la parola di Gesù. Se l'ascolterete nel silenzio nella preghiera, facendovi aiutare a comprenderla per la vostra vita dal consiglio saggio dei vostri sacerdoti ed educatori, allora incontrerete Cristo e lo seguirete impegnando giorno dopo giorno la vita per lui!

In realtà, è Gesù che cercate quando sognate la felicità,
*   è Lui che vi aspetta quando niente vi soddisfa di quello che trovate,*
*   è Lui la bellezza che tanto vi attrae,*

Torniamo al racconto di Kim. Effettuiamo ora lo stesso gioco di prestigio che si era fatto col racconto dell'intagliatore di giada: «i gioielli colorati» del gioco che appassiona Kim diventino «i passi della Parola di Dio».

Nel grande mare delle pagine della Bibbia tutti, bene o male, per quanto poco la si sia letta, abbiamo scorto ogni tanto qualche bagliore più intenso, qualche versetto che ha lasciato un segno nella nostra anima. Dare un nome a quei versetti, tornare a guardarli, a studiarli[75], a scavarli, proprio come Kim ha fatto con le semplici pietre colorate divenute zaffiri, rubini della Birmania e turchesi del Turkestan, fare tutto questo è mettere da parte un tesoro che va ben oltre il valore delle pietre stesse. È far maturare il tesoro delle proprie capacità, anche quelle più nascoste o quelle a cui fino all'altro ieri non sapevamo neppure dare un nome.

Semplici versetti della Parola di Dio possono compiere tutto questo? Sembra strano, lo ammetto. Forse è per

---

[75] Studiare, da *studium* = passione. Lo studioso è colui che mette passione in quello per cui si applica. Rara categoria, ma lo Spirito ama contribuire alla salvaguardia delle specie in via di estinzione. Perché non affidarsi allora a Lui (tra i suoi doni anche Sapienza e Intelletto) per un pizzico di passione in più?

questo che si chiama *Parola di Dio*, forse è per questo
che è giunto il momento di domandarsi veramente *che
cosa sia* la Parola di Dio e *che posto abbia* nella tua
vita, cercatore di Dio.

* * *

Accogliere il seme della Parola

*Gesù spiegò la parabola del seminatore ai suoi
discepoli: «Tutte le volte che uno ascolta la Parola del
Regno e non la comprende, viene il maligno e ruba ciò
che è stato seminato nel suo cuore: questo è il seme
seminato lungo la strada.*

*Quello che è stato seminato nel terreno sassoso è l'uomo
che ascolta la parola e subito l'accoglie con gioia, ma non
ha radice in sé ed è incostante, sicché appena giunge
una tribolazione o persecuzione a causa della parola,
egli ne resta scandalizzato.*

*Quello seminato tra le spine è colui che ascolta la parola,
ma la preoccupazione del mondo e l'inganno della
ricchezza soffocano la parola ed essa non dà frutto.*

*Quello seminato nella terra buona è colui che ascolta la
parola e la comprende; questi dà frutto e produce ora il
cento, ora il sessanta, ora il trenta».*

(Mt 13, 19-23)

Amico lettore che sbuffi perché senti per l'ennesima
volta la parabola del seminatore, c'è una novità per te.
La Parola di Dio non è mai la stessa, si rinnova
costantemente.

Che voglio dire? Che forse la vecchia parabola del seminatore è stata ritoccata, riveduta per mano di qualche antico testo venuto alla luce in circostanze misteriose? O i Vescovi hanno pensato di sistemare la traduzione poco aderente ai testi originali?

Nulla di tutto questo. La Parola di Dio contiene *sempre*, per se stessa, una novità per la nostra vita. Se ci sembra sempre la stessa, è perché ci fermiamo alla superficie[76]!

Insomma, diciamo così bene di conoscere la parabola del seminatore che probabilmente non ci accorgiamo, così dicendo, che ci stiamo comportando esattamente da "strada" dove il seme della Parola non attecchisce (è crosta, per l'appunto!) oppure da terreno sassoso, emblema dell'uomo che «ascolta la parola e subito l'accoglie con gioia, ma non ha radice in sé ed è incostante[77].»

Gesù è – tipico del suo stile! – molto realista nelle sue parabole e pure nelle spiegazioni che offre: non

---

[76] Tipico della Settite. Fermarsi non alla superficie, ma addirittura alla crosta che avvolge le cose. Tuttavia non ci vuole dell'acido per corroborare questo strato di superficialità portato dalla malattia: la Parola di Dio stessa compie, infatti, l'esatto opposto rispetto al virus della Settite. A ragione i medici spirituali di tutto il mondo la considerano, ancora una volta, il rimedio più efficace. Uno di essi, l'autore della lettera agli Ebrei, così sostiene questa tesi: «*La parola di Dio è viva, efficace e più tagliente di ogni spada a doppio taglio; essa penetra fino al punto di divisione dell'anima e dello spirito, delle giunture e delle midolla e scruta i sentimenti e i pensieri del cuore.*» (Eb 4,12)

[77] Della *non costanza* si è già parlato a proposito dalla Novite. Ma è un sintomo comune a più malattie e periodicamente torna. Guerriero mai domo, l'incostanza fiacca gli avversari in maniera stupefacente, privandoli di tutta quella energia che essa invece ha. Insomma, fa il lavoro della sanguisuga: più tu le vai dietro, più lei si rafforza; più lei ti seduce, più tu ti indebolisci.

assicura una vita semplice per chi segue una serie di precetti divini, né una vita sempre volta alla felicità per chi si mette alla sua sequela. La vita è lotta. Fatta di spine che sopraggiungono quando meno ce lo aspettiamo. Illudersi che la vita sia un eterno divertimento può essere bello, ma può produrre dolorose cadute: se il cesto dei frutti era mezzo pieno, ora che siamo a terra sarà non solo mezzo vuoto, ma probabilmente con ben poco da portare sulla mensa di Dio e degli uomini. E che cosa resta? Solo una vita che non acquista spessore, che alla fine ci lascia un senso di vuoto incolmabile.

La soluzione che Gesù dà non è la panacea a tutti i mali, ma è qualcosa di radicalmente più profondo: è avviare il motore di tutte le nostre facoltà, emotive, sensoriali, intellettuali e razionali. Anche e soprattutto quelle che avevamo lasciato in stand-by.

È come se Gesù ci dicesse: Usa la tua ragione e la tua intelligenza per entrare nella profondità della Fede!

Scrive S. Agostino: «La fede cerca, la ragione trova. E poi ancora la ragione cerca Colui che ha trovato.» Significa che non dobbiamo mai spegnere il cervello, ma fare come il ragazzo indù del racconto: arrivare a scorgere non solo la differenza tra un'ametista e una giada, ma a vederne gli intagli, a ponderarne il peso. Abbiamo trovato Cristo? Cristo sta entrando nella nostra vita? Molto bene, è tempo di scavare ancora di più nella sua Parola! Ricordandoci che: «Chi aderisce a Cristo, possiede tutto il bene delle Scritture, anche di ciò che non capisce; chi invece è alieno da Cristo, né lo capisce, né lo possiede.» (S. Agostino)

In sostanza: una vita di fede e di preghiera senza Parola di Dio è una vita che non ha un fondamento stabile, ma che procede ondivaga, a seconda del vento, degli umori, delle amicizie, della casualità[78].

Intraprendere con costanza la lettura della Parola di Dio richiede senz'altro uno sforzo di volontà, ma ti permetterà di raddoppiare la profondità della tua gioia in Dio. «Lampada ai miei passi è la tua parola, luce sul mio cammino» (cfr. Sal 119 [118]) recita il sapiente salmista che ha capito i benefici della Parola. Sant'Agostino stesso (fu affetto da Settite, anche molto grave), scrive a proposito della Parola: «Le tue Scritture siano le mie caste delizie[79]; che io non sia ingannato in esse, che io non inganni attraverso esse.»

**«La ricerca di Dio è appetito di felicità,
il suo conseguimento è la felicità stessa.»**

S. Agostino

---

[78] Ricordi la parabola della casa fondata sulla roccia o sulla sabbia? (Cfr. Mt 7, 24-27) È un'altra parabola nazional-popolare che però non smette mai di insegnare qualcosa alla nostra vita, grazie alla sua concretezza (cade la pioggia delle preoccupazioni, soffiano i venti dei malanni, straripano i fiumi degli insuccessi della vita... la casa fondata sulla roccia della Parola è capace di restare stabile!).

[79] *Caste delizie!* Probabilmente ci farà sorridere questa espressione, ma è quella di un degente post Settite, che ne viene da una vita alla ricerca dei piaceri più smodati, irrefrenabili, dissoluti. La Settite, pur inducendo nei suoi "assistiti" questo modo caotico di procedere, lascia anche una potenziale dote, che può risultare assi utile nella fase di guarigione. Si tratta della capacità di *saper cogliere il lato bello delle cose*. Applicata alla Parola di Dio, in sinergia con l'intelligenza, questa dote diviene un punto di forza tale da essere illuminante anche per chi sta intorno. Il caso di Agostino è uno di essi, un altro è quello già citato di Francesco d'Assisi, giullare di Dio che passava ore e ore a divorare la Parola di Dio, si trovasse chiuso in una prigione piuttosto che nel silenzio incantato dei boschi sopra Assisi.

Spunti concreti

- ✓ Quando ti presenti davanti a Dio porta con te due libri: quello della tua vita e quello della Parola di Dio (la Bibbia). Le pagine di uno dovrai intingerle con i contenuti dell'altro e viceversa: solo così la vita potrà trarre beneficio dall'ascolto della Parola e la Parola diventare luce concreta che si incarna nella tua esistenza.

- ✓ Dio ha ogni giorno una Parola apposta per te, per ciò di cui hai bisogno. Ma tu devi aprire mente e cuore a ciò che essa vuole dirti. «Accogliete con docilità la parola seminata in voi» (Gc 1,21).

- ✓ L'allenamento alla lettura costante della Parola di Dio è come affrontare ogni giorno il "Gioco dei gioielli". Si possono addurre molte scuse per saltare a piè pari l'esercizio[80]; ma una volta che lo si è intrapreso, probabilmente ci si appassionerà pure.

- ✓ Ogni tanto dedica una parte della tua preghiera[81] alla "risonanza della parola". Di che si tratta? È

---

[80] Tra le scuse più frequenti: E che letture faccio?!? La Bibbia è così grande... Risposta: segui le letture del giorno, che la Liturgia propone. Oppure: Non posso mica portarmi dietro la Bibbia!?! Con quel che pesa.... Risposta: esistono le Bibbie tascabili, esistono anche i libretti mensili con riportate giorno per giorno le letture e con esse un piccolo, efficace commento... Oggi ci sono anche diverse app per smartphone. Insomma, per chi vuol davvero iniziare l'opera di fondazione della propria casa sulla roccia della Parola l'ingegnosità porta a trovare ogni soluzione. Per chi vuol rimandare, anche la più futile delle scuse è un fiume invalicabile...

[81] Dall'inizio del nostro cammino ad adesso i tempi della preghiera si saranno, almeno un poco, dilatati. 10 minuti saranno pochi per l'anima che ha bisogno di dialogare con Dio Padre, raccontargli la propria vita, gustare la gioia del ringraziamento... o no?!?

un momento che può essere fatto anche durante una preghiera comunitaria ed è di straordinaria efficacia: si pronuncia ad alta voce (se si è da soli può valere la pena metterlo per iscritto) uno o più versetti della Parola che nell'ultimo periodo hanno parlato maggiormente alla propria vita. Se questa pratica è compiuta dopo l'invocazione personale allo Spirito Santo, ne può uscire una sinfonia capace di rafforzare la voglia di camminare con Dio e a fianco della sua Parola, in grado di compiere molto più di quello che speriamo (cfr. Ef 3,20 e anche Is 55,10-11).

✓ A proposito di tempo, cerca di fare un buon uso di esso e di restare in quello che scegli di fare, facendolo bene[82]. Questo vale anche nella preghiera. "Age quod agis!" dice un antico motto, ossia "Fa bene quello che fai!"[83]

---

[82] Abbiamo già parlato dell'uso del tempo sia nel capitolo della Novite, sia nel capitolo dell'Unite. Avere un rapporto *equilibrato* con il tempo vissuto come *dono di Dio* non è facile. La naturale tendenza del morbo della Settite è quella di portare i suoi "clienti" ad un rapporto compulsivo con il tempo: si può creare una sorta di schizofrenia nel passare da una esperienza all'altra: l'affetto da Settite non ha finito di godersi una cosa che già pensa a quella successiva. Il risultato è che finisce con l'essere pieno di belle cose, ma mai *veramente* soddisfatto. Diventa "dipendente" dal piacere, come è nelle persone che non "sanno dire di no", in una spasmodica ricerca di nuove cose. La società di oggi, mettendo a disposizione tutto e subito, non contrasta la Settite, ma anzi la incoraggia e favorisce la sua diffusione: il rapporto della società d'oggi con il tempo è un rapporto *seriamente* malato. Questa epidemia è così diffusa che la si avverte poco, non comprendendo la sua *gravità*. Profetizzò S. Antonio: «*Arriverà un giorno in cui tutti saranno pazzi e quando incontreranno un non pazzo gli si avventeranno contro e diranno "È pazzo, uccidiamolo!" a motivo della sua dissomiglianza da loro*».

[83] Riprenderemo questo tema anche nel prossimo capitolo, si veda in particolare il racconto "Cani perduti senza collare".

✓ Gli esperti di tecniche di concentrazione dicono che dopo la prima lettura di un testo non troppo lungo resti nella memoria non allenata meno del 40%. La rilettura dello stesso brano può far subito raddoppiare tale percentuale. Ma per arrivare ad un livello di comprensione profondo può non bastare una terza lettura[84]. Occorre sviscerare ogni frase; può non essere sempre così efficace apprenderla a memoria (per quanto ciò possa aiutare), perché è necessario pure comprenderne il senso oltre che il suono. La capacità mentale che interviene in tutto questo è l'*attenzione*.

Come ricorda Pino Pellegrino nei suoi *Racconti per i voli dell'anima* (Ed. Astegiano), l'attenzione è qualcosa di insostituibile. Al suo opposto vi è la distrazione, madre di tanti "io" superficiali e di troppi "io-sughero", quelli

---

[84] A questo proposito si presti attenzione a questo breve racconto intitolato IL TERZO OCCHIO:

Nel consegnare il libro sacro al giovane discepolo, il maestro gli suggerì di leggerlo tre volte.

«Una prima volta – spiegò – per aprire gli occhi della mente; una seconda volta per aprire gli occhi del cuore…»

«E la terza?» lo interruppe, impaziente, il discepolo.

«La terza volta per chiudere gli occhi della mente e del cuore.»

«Non capisco!» ribatté il giovane.

«Prova e vedrai!»

Il discepolo si ritirò in meditazione col suo libro e seguì i consigli del maestro.

Quando giunse alla terza lettura, dopo aver assaporato tutta la profonda bellezza dell'insegnamento divino, sentì una luce di grazia accendersi in lui: gli si stavano aprendo gli occhi dell'anima.

[Tratto da: Il secondo libro degli esempi, Ed. Gribaudi, 1993]

che tentano di stare a galla in un modo o nell'altro senza mai essere capaci di andare a fondo e di godere delle profondità interiori. Per questo è essenziale per l'uomo, per una vita vera che non si accontenti di galleggiare in balia delle correnti, trovare una via che permetta di combattere la distrazione e di catturare l'attenzione.

Una di queste vie – suggerisce lo stesso Pino Pellegrino – è la via del racconto e – lo avrai notato pure tu, compagno lettore – non è un caso che gran parte della Bibbia sia strutturata per racconti, frutto di una tradizione orale che si è tramandata di padre in figlio e che poi è stata messa per iscritto[85].

Se impari a conoscere i diversi personaggi della Bibbia è probabile che ti immedesimerai in tratti delle loro storie e delle loro esperienze. E con essi tu potresti trovare la via per guarire e gustare più a fondo la vita. Tutte le malattie spirituali qui trattate hanno infatti toccato in abbondante misura i protagonisti dei racconti biblici, siano patriarchi, profeti, apostoli delle genti o semplici cercatori di Dio. Hai già scorto il

---

[85] Non deve stupire, pertanto, che nella Bibbia non tutti i libri siano libri storici! Alla storia spesso si unisce l'esperienza personale, la rielaborazione soggettiva e queste fanno sì che la narrazione si tinga anche di sfumature più vicine al mito e alla leggenda piuttosto che ad un resoconto storico. Nel passo può inoltre subentrare un messaggio morale inserito da chi ha messo per iscritto tale racconto secoli dopo il suo accadimento storico. È per questo che si parla, nella Bibbia, di *generi letterari* e di *chiavi di lettura* da applicare a ciascuno di essi. La prima tra tutte è la seguente: leggere ogni passo alla luce della pienezza della Rivelazione, che è Gesù Cristo. Detto in altri termini: fare sempre riferimento al Nuovo Testamento che completa e illumina il Vecchio Testamento il quale, a sua volta, costituisce il naturale stelo da cui ha avuto origine la pianta e di certo non lo si può tranciare via come se nulla fosse.

personaggio che maggiormente esprime il tuo modo d'essere?

**«Beati coloro che ascoltano la Parola di Dio
e la mettono in pratica».**
(Lc 11,28)

5

Più grande di tutto
è la carità!

~Per combattere la Cinquite~

**"Non ti accorgi che hai perso
quello che non hai donato?"**

S. Agostino

**Non accumulatevi tesori sulla terra,
ma accumulatevi invece tesori nel cielo...**

Là dov'è il tuo tesoro, sarà anche il tuo cuore.

Mt 6, 19-21

Cani perduti senza collare

Uno studioso, un commerciante e un governatore furono assaliti dai briganti durante un viaggio nel deserto. Spogliati di tutto, errarono a lungo sicché furono soccorsi da un eremita. Egli li portò nella sua capanna e, dopo averli rifocillati e curati, disse loro: «Qui siamo fuori dal mondo. Fra breve comincerà l'inverno e la mia capanna, come vedete, è molto piccola. Bisognerà che ognuno di voi si costruisca un riparo, altrimenti rischieremo di morire tutti.»

I tre uomini dissero in coro: «Ma noi vogliamo continuare il viaggio!»

«È impossibile – tagliò corto l'eremita. – La neve è già alta sui valichi e la valle è praticamente bloccata.»

«*Come farò senza i miei libri?*» *gemette lo studioso.*

«*Come farò senza i miei traffici?*» *si lagnò il commerciante.*

«*Come farò senza i miei sudditi?*» *protestò il governatore.*

«*Come farò con questi tre?*» *pensò l'eremita.*

I tre, sia pur mugugnando, si misero al lavoro. Costruirono tre casette di pietra e ne terminarono il tetto quando già cadeva la prima neve.

L'inverno fu lungo. Ma parve stranamente breve perché i tre uomini, non avendo nulla da fare, riscoprirono i piaceri dello stare insieme, conversare, spaccar legna, spalar neve e fumare accanto al fuoco lasciando la memoria vagare fra ricordi tristi e lieti.

L'eremita osservava, partecipava e qualche volta parlava delle cose di Dio, che facevano tremare il cuore dei tre uomini.

Tornò la primavera. I tre intendevano mettersi subito in cammino, ma rimandavano di giorno in giorno la partenza: prima volevano aiutare l'eremita a seminare, poi c'erano le pecore da tosare, poi il cielo ora azzurrissimo da contemplare...

Un giorno l'eremita li chiamò intorno a sé e disse loro: «Non vi sento più parlare né di libri, né di affari, né di sudditi. Che cosa vi sta succedendo?»

I tre chinarono il capo tacendo.

«*Ve lo dico io che cosa vi sta succedendo: prima avevate un padrone, ed erano appunto i libri, gli affari, i sudditi.*

Ora siete come cani perduti senza collare, vi sentite liberi e scommetto che rimarreste qui, se deste realmente ascolto al vostro cuore. Non è forse così?»

I tre si guardarono l'un l'altro e annuirono.

«Beh, non è possibile, e lo sapete benissimo. Tornate ai vostri libri, ai vostri affari, ai vostri sudditi. Ma non siatene più schiavi come prima. Siate voi i padroni di voi stessi. E se volete davvero un padrone che vi lascia la libertà più piena, ricordatevi di me e del mio Padrone.»

I tre partirono quel giorno stesso. Ma sulla strada del ritorno notarono che non c'erano valichi da transitare. Era tutta un'immensa pianura dove splendeva il sole di Dio.

[Tratto da: Il libro degli esempi, Ed. Gribaudi, 1990]

Il titolo di questo capitolo riprende la frase finale di San Paolo nell'Inno alla Carità (già proposto al termine del capitolo dedicato alla cura della Unite). A parlare della Carità, infatti, non ci si può certo limitare ad un capitolo solo. Eppure sento la tua fatica, amico lettore, nell'affrontare questa parola. Carità ci ricorda tanto l'elemosina ai poveri[86].

---

[86] «Fate la carità...!» Boccheggiano molti mendicanti delle nostre città, con le mani tese. A volte qualche spicciolo dalle nostre tasche cade, ma forse è più per far tacere quella voce roca e scomoda che per un gesto di vera compassione. Ebbene anche in questo modo di "fare la carità" si annida subdolamente il germe della Cinquite! Non è della nostra moneta superflua che il vero povero ha bisogno, ma del nostro ascolto, della nostra attenzione, del nostro cuore. E se il portatore di Cinquite ha in potenza la capacità dell'ascolto, tuttavia egli si guarderà bene dal mettere in gioco qualcosa di sé nel non-dialogo col *povero di turno* (espressione con cui si vuole indicare anche il collega del lavoro, il familiare di casa

Oppure la traduciamo con la più abusata delle parole: amore[87].

Si inizi allora con l'esaminare cosa intrappola la nostra capacità di amare e di essere dono per gli altri. Libri? Affari? Sudditi[88]?

Ci sono delle catene che invisibilmente ci vincolano. Liberarsene può essere talvolta doloroso; come per i tre protagonisti può avvenire in maniera inopinata[89]. Ma quando ciò accade si comprende che la libertà è

propria, l'amico scomodo del momento che avrebbe bisogno della nostra attenzione, del nostro affetto).

[87] Sarebbe necessaria una ampia dissertazione sul tema. Ma ritengo che sia meglio diluirla nell'intero testo e rimandare ad altra sede le trattazioni cattedratiche: non vorrei certo mettermi a fare, proprio in questo capitolo, il gioco della Cinquite, quello dell'intellettualismo più spinto che ci sia.

[88] Sudditi?!? Ebbene sì, sudditi! Eccome se ne abbiamo! Il fido schiavo comandato a distanza che è la Televisione, il maggiordomo frigorifero, il mastro cocchiere automobile e i suo scudieri vespa e moto. Un po' fiacchi ultimamente col traffico della città, vero?!? Si passa poi allo *schiavo di turno* (nome con cui si identifica *il povero di turno* non riconosciuto come tale, ma anzi, reso ancora più povero dal nostro comportamento) sul lavoro, cui affibbiare i compiti più noiosi, le pratiche più pesanti, gli straordinari più rognosi o anche solo un po' del nostro malumore. Schiavi pure in famiglia: la moglie che ci deve preparare camicia e cravatta ben stirate e in ordine, il marito che deve fare puntualmente la spesa (anche quella che abbiamo in mente solo noi), la mamma che ci deve servire cena, pranzo, colazione e buffet, la nonna che deve rammendare i calzini bucati (un tempo lo faceva anche meglio! Ora che è invecchiata...!), il figlio che deve telefonarci almeno tre volte al giorno per dirci che ci vuole bene (e chissà se ce lo vuole realmente...! Si ricorda così poco di noi!) e l'impero personale (con la Cinquite tesoriera di corte) sono certo che non finisce qui...

[89] «*Ci sono benedizioni di Dio che entrano rompendo i vetri*» (Andrea Gasparino). Un po' tutti, ma massimamente i portatori di Cinquite, si fermeranno a lungo sui vetri rotti e sul frastuono interiore che hanno prodotto, non accorgendosi invece della Grazia che è entrata.

tutt'altra cosa. E, forse, pure l'amore inizia a rivestirsi di significati più autentici.

* * *

L'uva del prossimo

Un giorno un contadino si presentò alla porta di un convento con in mano un magnifico grappolo d'uva. Quando il frate portinaio aprì la porta, il contadino, sorridendo, gli disse: «Tieni, ti voglio regalare il grappolo più bello della mia vigna.»

«A me? — Il frate arrossì tutto per la gioia di quel dono. — Lo vuoi regalare proprio a me?»

«Certo, perché mi hai sempre trattato con amicizia e mi hai sempre aiutato quando te lo chiedevo.»

E la gioia semplice e schietta che vedeva sul volto del fraticello illuminava un po' anche lui.

Il frate portinaio mise il grappolo d'uva bene in vista e lo rimirò per tutta la mattina. Ad un certo punto però gli venne un'idea: perché non portare il grappolo d'uva all'abate, per dare un po' di gioia anche a lui?

Prese così il grappolo e lo portò all'abate, il quale ne fu sinceramente felice. Ma si ricordò che c'era nel convento un vecchio frate ammalato e pensò:

«Porterò a lui il grappolo, così si sentirà un po' sollevato.»

Così il grappolo d'uva emigrò di nuovo. Ma non rimase a lungo nemmeno nella cella del frate ammalato. Costui pensò infatti che il grappolo avrebbe fatto la gioia del frate cuoco, che passava la giornata a sudare sui fornelli, e glielo mandò.

Ma il frate cuoco lo diede al frate sacrestano, questi lo portò al frate più giovane del convento, che pensò bene di darlo ad un altro. Finché, di frate in frate, il grappolo d'uva tornò al frate portinaio...

La gioia che gli portò fu molto più grande di quella che aveva provato ricevendolo per la prima volta.

[Tratto da: Il libro degli esempi, Ed. Gribaudi, 1990]

Donare porta gioia. Fosse anche solo un sorriso, vale la pena di provare.

Un grappolo d'uva finito nelle mani di cuori generosi ha messo in moto il buon umore in un intero convento... Se qui è bastato un grappolo d'uva, chissà che può succedere donando una parola buona, o qualcosa di noi stessi, del nostro tesoro più prezioso, quello delle nostre esperienze, delle nostre conoscenze e della nostra più autentica umanità?

* * *

L'olio prezioso e profumato

Uno dei farisei invitò Gesù a mangiare da lui. Egli entrò nella casa del fariseo e si mise a tavola. Ed ecco una donna, una peccatrice di quella città, saputo che si trovava nella casa del fariseo, venne con un vasetto di olio profumato; e fermatasi dietro si rannicchiò piangendo ai piedi di lui e cominciò a bagnarli di lacrime,

156

poi li asciugava con i suoi capelli, li baciava e li cospargeva di olio profumato.

A quella vista il fariseo che l'aveva invitato pensò tra sé. «Se costui fosse un profeta, saprebbe chi e che specie di donna è colei che lo tocca: è una peccatrice».

Gesù allora gli disse: «Simone, ho una cosa da dirti».

Ed egli: «Maestro, di' pure».

«Un creditore aveva due debitori: l'uno gli doveva cinquecento denari, l'altro cinquanta. Non avendo essi da restituire, condonò il debito a tutti e due. Chi dunque di loro lo amerà di più?».

Simone rispose: «Suppongo quello a cui ha condonato di più».

Gli disse Gesù: «Hai giudicato bene».

E volgendosi verso la donna, disse a Simone: «Vedi questa donna? Sono entrato nella tua casa e tu non m'hai dato l'acqua per i piedi; lei invece mi ha bagnato i piedi con le lacrime e li ha asciugati con i suoi capelli. Tu non mi hai dato un bacio, lei invece da quando sono entrato non ha cessato di baciarmi i piedi. Tu non mi hai cosparso il capo di olio profumato, ma lei mi ha cosparso di profumo i piedi. Per questo ti dico: le sono perdonati i suoi molti peccati, poiché ha molto amato. Invece quello a cui si perdona poco, ama poco».

Poi disse a lei: «Ti sono perdonati i tuoi peccati».

Allora i commensali cominciarono a dire tra sé: «Chi è quest'uomo che perdona anche i peccati?».

*Ma egli disse alla donna: «La tua fede ti ha salvata; va'
in pace!»*

(Lc 7,36-50)

È ovvio: oggi si griderebbe alla corruzione! La donna,
con evidenti precedenti penali, sta chiaramente
comprando la sua libertà spirituale con dell'olio
trafugato chissà da dove.

La generosità, amico lettore, non paga. Non secondo le
logiche del mondo. Così come non rende affatto l'essere
un buon cristiano: lealtà, scrupoli di coscienza,
generosità, reciproca correttezza e via dicendo. Tutte
parole che non possono rientrare nel gergo del buon
affarista accaparratore. Ma neppure dell'intellettuale
bramoso di sapere: perché mai spartire le *mie* scoperte,
le *mie* risorse, il *mio* sudato lavoro con altri, i quali sono
tutti, fino a prova contraria, potenziali nemici?[90]

Un episodio simile viene riportato anche
dall'evangelista Giovanni (cfr. Gv 12, 1-8): questa volta
la protagonista è Maria di Betania (sorella di Marta e
Lazzaro) che usa un vaso di nardo purissimo, un
unguento profumato di grande valore, per lavare i piedi
del Maestro Gesù. Subito emerge la stizza del discepolo
Giuda: «Si poteva vendere questo unguento per
trecento monete d'argento, e poi distribuirle ai
poveri[91]!»

---

[90] È il germe della peggior Cinquite a portare a simili conclusioni. Il motto
di vita diviene non dissimile da questo: *homo homini lupus* (ossia ogni
uomo è lupo agli occhi degli altri uomini e viceversa).

[91] Giuda, altro fedele discepolo del "Per piacere, fate la carità…!", quello
della monetina data per sentirsi con la coscienza a posto e assecondare
la voce della Cinquite che raccomanda di non espandersi troppo con gli
altri: non si sa mai…!

158

Per Giuda questa sarà la goccia che fa traboccare il vaso: Gesù non è chi lui credeva che fosse. Dove è il Messia che libera il suo popolo? Dove il forte e carismatico leader che usa l'astuzia di serpente per vendicare le ingiustizie del mondo? Dove il sapiente che erudisce i pochi, fedeli, eletti discepoli che hanno lasciato tutto per... per che cosa?!? Bolle e ribolle la domanda nel cuore del deluso Giuda, che forse sperava di diventare più saggio, più astuto, più forte nel seguire il falegname dei prodigi... Ha seguito il cuore, ha seguito Gesù sull'onda emotiva ma ora la sua mente gli rivela, lucida, quel che avrebbe dovuto capire fin da subito: da Nazareth non può venire del buono, un falegname non si può improvvisare rabbì, i suoi discorsi sono per la maggior parte farneticazioni... che mancano di senso pratico, di diplomazia politica, di veri effetti speciali. Patriarchi e profeti ne videro e ne fecero di più spettacolari, di più grandiosi... dove, dove o Dio, il tuo volto? Se tu squarciassi i cieli e scendessi...![92]

---

[92] *Se tu squarciassi i cieli e scendessi!* (Is 63,19) È il versetto che può forse costituire la massima sintesi di tutto l'Antico Testamento: l'attesa da parte dell'uomo cercatore di Dio della venuta di questo Dio. Anche Giuda è senz'altro un cercatore di Dio, con un cuore assetato di infinito, di Parole di vita eterna. Ma il germe della Treite attecchisce presto in lui, e il suo stare col Maestro è un continuo rilanciare al successo, alla lode della gente. È probabile che Giuda sia stato rapito dal modo fermo di Gesù nel prendere le sue decisioni (gli evangelisti sottolineano più volte l'andare risoluto di Gesù, proprio di chi porta avanti un progetto e non si ferma dinanzi alle difficoltà, cfr. Lc 9,51), ma accanto all'astuzia di serpente, Giuda forse si dimentica l'altra prerogativa del discepolato: il candore di colomba (cf. Mt 10,16). Nell'esperienza di Giuda si sommano i tanti rifiuti subiti dal Cristo: i suoi concittadini di Nazareth, che vorrebbero scagliarlo giù dal monte (cfr. Lc 4,22-30), i tanti discepoli che dopo il discorso di Cafarnao sul Pane di Vita scelgono di abbandonarlo («Esagera, chi può intendere simili discorsi?» Gv 6,60) e il crescente malumore da parte delle autorità religiose e politiche per la predicazione fuori dai canoni di quello che, a molti, appare solo come un falegname

Nel cuore del cercatore di Dio Giuda, rimasto solo, regna la notte[93]. Ma la mente macina, si sente salda: è tempo di divertirsi un po' col falegname che gioca a fare Dio... In fondo se ne è fatto, no, di nemici? E allora che lo mettano alle strette, che lo costringano a finire questa farsa... il Nazzareno mostri quel che è, oppure... oppure teniamoci quel che abbiamo. In fondo, peggio di così non può certo andare...[94]

---

farneticante. Il potente germe della Treite si fa largo nell'animo di Giuda (così impegnato a scacciare demoni nel nome del Cristo, il disepolo ha lasciate sguarnite le proprie difese!) fin tanto da far avanzare anche altri virus a fargli da spalla. Il discorso sul denaro da cui siamo partiti è proprio il segno di un attacco di Cinquite in corso... *Nota bene*: come si è detto nella prefazione alla Seconda parte del libro, queste malattie agiscono spesso in sinergia, a mo' di bande. Il loro effetto è devastante: se la Treite attacca il cuore (quello di Giuda è ormai oscurato da tempo) la Cinquite va dritta all'intelligenza. Serve ancora commentare l'amara fine fatta da Giuda?

[93] *La solitudine!* È una delle ricadute portata dalla Cinquite. Non si tratta della solitudine di chi sceglie Dio e il silenzio, ma la solitudine di chi si isola dal mondo, di chi, come si suol dire, si sente solo come un cane. Solo, coi propri pensieri che possono facilmente diventare elucubrazioni mentali in cui si annida ogni forma di tentazione, ora di narcisismo, ora di depressione, ora di ricerca del piacere, ora di vendetta. Osserva: si può essere nella solitudine pur trovandosi in mezzo a tanta gente, colleghi, pseudo-amici che, però, sono separati da noi da uno spesso muro di incomunicabilità. Ed è proprio in questa solitudine che l'uomo più facilmente cade. Anche Pietro, che dopo l'arresto repentino di Gesù era rimasto a lungo con il compagno Giovanni, cade e rinnega Cristo proprio quando si ritrova da solo...

[94] Ancora un commento che non riguarda il solo caso di Giuda, ma che vede protagonista un comportamento assai diffuso: la rassegnazione. Il gettare la spugna. Il pensare che Dio non stia affatto facendo il suo mestiere... che Dio, insomma, non sia Dio. Che Dio, in ultima analisi, sia solo il prodotto di mere elucubrazioni mentali dell'uomo. Un oppio dei popoli, una panacea fatta solo di devozionismo e sentimentalismo che non porta da nessuna parte... anzi, meglio liberarsene! La persona affetta da acuta Cinquite penserà che l'unica soluzione sia uscire da tutto questo. I modi adottati possono essere diversi, ma uno più controproducente dell'altro. Un paio di esempi: una ermetica chiusura in

Amico lettore, quanti abbagli può produrre l'assolutizzazione delle proprie idee! Ogni volta che vorremmo impartire una lezione a Dio dovremmo profondamente guardare in noi stessi, riconoscere il nostro limite e chiedere a Dio la luce. Ma può bastare molto meno: la peccatrice del passo del Vangelo da cui siamo partiti nemmeno osa alzare lo sguardo. Fa solamente una cosa: dona il suo olio prezioso, versa il suo olio profumato[95]. Perché, forse, i suoi occhi sembrano aver compreso quel che né Giuda, né Pietro hanno saputo comprendere: la novità dello stile di Dio.

È nella grandezza del cuore che si manifesta la grandezza di Dio. Basta una sola frase per coglierla: «Le sono perdonati i suoi molti peccati, poiché ha molto amato»[96].

---

sé stessi, fino all'isolamento in un iperuranio costituito solo dalle proprie idee; una conversione totale all'ateismo (basata sull'idea che non possa esistere quel Dio di cui sopra... cosa in parte vera, perché il Dio di Gesù Cristo, il Dio della Vita è assai diverso da quello che la nostra mente può aver colto, Giuda docet).

[95] Che sia l'olio delle sue fatiche? (Cosa più prezioso del nostro sudore, del nostro lavoro consumato, in silenzio, tra le mura di casa, per chi siede ogni giorno con noi, per chi vediamo crescere e magari pure soffrire a nostro fianco?) O sarà l'olio che profuma della nostra fragile umanità, dei suoi sbagli, ma anche di tutti quei sentimenti che ci hanno portato a sbattere la fronte, a versare lacrime rimaste forse inespresse nel cuore? A volte può avere un sapore amaro, che sa della terra e della polvere in cui siamo caduti e con cui ci siamo sporcati le mani. Ma è un sapore che alle narici di Dio può divenire profumo, perché pregno del nostro cuore. E quel che passa nelle mani di Dio, da profumo può trasformarsi in aroma, in fragranza. Madre Teresa di Calcutta diceva che ogni uomo ha il compito di spandere questo aroma di Dio intorno a sé.

[96] Simon Pietro, a cui era stata indirizzata questa frase, arriverà a capirne il senso profondo probabilmente solo dopo la Risurrezione, nella pienezza dello Spirito Santo. Scriverà: «*Vogliatevi molto bene tra di voi, perché l'amore cancella una grande quantità di peccati*» (1Pt 4,8).

Gesù rivela di essere un falegname dei cuori, un rabbì che all'intelligenza (si noti lo stile con cui accoglie le critiche e si rivolge a Pietro) affianca la potenza del cuore, un Dio che non si ferma all'apparenza, ma che legge nell'anima[97]. E infine Gesù, contrariamente a quanto ne possano pensare Giuda, i discepoli e tutti i figli della razionalità (noi compresi), è pienamente uomo: smaliziato, concreto, avveduto, pratico. È un uomo che conferma la regola che solo chi sperimenta sbaglia, solo chi si spende per gli altri può cadere. Ma è solo così – ecco la novità dell'uomo che non è solo uomo, ma è realmente Dio – che chi si è speso, ed ha sperimentato la debolezza propria e altrui, può anche fare esperienza della misericordia di Dio. Sant'Agostino usa a questo proposito un azzeccato paragone: se il seme d'infinito che è in noi può essere rappresentato come un filo sottile e invisibile che ci tiene uniti col cielo, il peccato è dato dall'azione dell'uomo che taglia questo filo e che casca per terra. Dio che fa? Risolleva l'uomo dalla polvere (se possibile gli dà pure un abito nuovo) e riannoda il filo che si era spezzato. Nel farlo, intesse un piccolo nodo, cosa che porta inevitabilmente il filo ad essere più corto e, quindi, sempre più vicino al cielo...

Si apprezzi con ciò l'immenso valore del Sacramento della Riconciliazione.

---

[97] *«Se il tuo cuore ti condanna, Dio è più grande del tuo cuore»* (1 Gv 3,20). È questa un'altra frase che dovremmo chiedere a Dio di scolpire nelle nostre menti. Di essa ne fa esperienza Pietro, al cui amaro pianto per non aver compreso il maestro (anche lui!) e averlo tradito segue l'incontro con uno sguardo che dissipa la tenebra che si era formata nel suo cuore. Il cuore di Giuda, invece, ormai pregno di oscurità, perdutamente contaminato dall'attacco plurimo di virus letali, non ha più la capacità di accogliere questa parola di salvezza, né lo sguardo del perdono.

Esso, insieme a tutto ciò che porta il sigillo della carità nel suo *farsi dono* e nel suo *farsi vita concreta*, è tutto quello che serve come cura per la malattia di questo capitolo e come potente rinforzante della nostra fede-preghiera. Specie e soprattutto quando le frustrazioni delle nostre speculazioni intellettuali sembrano avere la meglio.

Animo, cercatori di Dio: c'è sempre un falegname dei cuori per i più deboli, per i più poveri.

«Amiamo tutti in Lui.
Attira verso di Lui con te
tutti quelli che puoi e dì loro:
amiamo Lui, amiamo Lui.»

S. Agostino

«La misura dell'amore? Amare senza misura.

Nel profondo del tuo cuore
ci sia la radice dell'amore.
Da questa radice, non può che nascere il bene.»

S. Agostino

Spunti pratici

- ✓ Chiedi a Dio che tinga di *concretezza* la tua preghiera, che essa possa tradursi in *gesti di generosità*. Quale può essere, oggi, il grappolo d'uva da donare?

- ✓ Hai iniziato a gustare qualche frammento della Parola di Dio? Se nel capitolo precedente si consigliava la pratica della "risonanza" della Parola, qui proseguiamo su questa scia, suggerendo la "frazione" della Parola. Come nell'Eucaristia Gesù si spezza in tante parti per raggiungere tanti cuori[98], così anche la Parola può spezzarsi e moltiplicarsi per raggiungere tante anime. Per fare ciò, attende anche il tuo contributo. Hai mai pensato di donare una Parola di Dio a chi ti sta vicino, a chi ha bisogno di un aiuto, di una mano?[99]

---

[98] *Anche se in molti, siamo un sol corpo* (cfr. 1 Cor 12,12), suggerisce San Paolo a proposito di questo effetto "unificante" nella molteplicità proprio dell'Eucaristia e di cui si riparlerà nel capitolo dedicato alla cura della Quattrite.

[99] La Parola di Dio si spezza a tutte le situazioni. I Salmi, come si è già detto, sono forse tra i libri che meglio possono esprimere lo stato d'animo dell'uomo nelle diverse circostanze della vita. Gesù stesso prega i salmi e li cita (li dona!) a chi gli sta vicino in diversi momenti chiave della sua vita. Donare la Parola di Dio è donare qualcosa che parla di noi e parla di Dio: il suo valore è grande, immenso. *Attenzione:* c'è solo un rischio quando si fa ricorso alla "frazione" della Parola: fare un uso strumentale della Parola stessa, per farle dire esclusivamente quel che vogliamo noi e farle sostenere le "nostre" tesi. Insomma, attenzione a non trasformare i versetti citati in un cattedratico *Ipse dixit*, testimoni di Geova docent. (Un esempio tipico di questo uso errato della Parola: c'è una situazione di conflitto. Qualcuno pensa sia bene resistere, darsi da fare e combattere: cita Isaia durante l'Assedio di Gerusalemme. Gerusalemme resiste e vince. Chi invece è propenso al fatto che bisogna con umiltà lasciare perdere, guardare altrove, non ostinarsi a tutti costi, che fa? Ovviamente cita Geremia! Anche con lui Gerusalemme è assediata ma, questa volta,

✓ È la linfa dello Spirito a scorrere tra i membri di una comunità, di una parrocchia, di una famiglia o di un gruppo di cercatori di Dio. Ed è lo Spirito che genera *legami di comunione* e *frutti di carità*. Chiedi il suo aiuto perché anche tu possa essere anello saldo di questi legami, e *parte viva* di essi.

✓ Più che una preghiera, ecco una riflessione che bisognerebbe chiedere allo Spirito Santo di tramutare in concretezza di vita:

«Solo Dio può creare,
ma tu puoi valorizzare
quello che lui ha creato.

Solo Dio può dare la vita,
ma tu puoi trasmetterla e rispettarla.

Solo Dio può dare la salute,
ma tu puoi orientarla e guidarla.

Solo Dio può dare la fede,
ma tu puoi essere testimonianza.

Solo Dio può infondere la speranza,
ma tu puoi restituire la confidenza.

---

cade. La volontà di Dio dove sta? Nella resistenza fondata sulla fede o nella docile arrendevolezza? Probabilmente in nessuna delle due o in entrambe. Nel senso che si tratta di differenti esperienze di vita, in cui il popolo di Dio impara pian piano a conoscere il vero volto di Dio, a fare esperienza tanto della forza della fede – Aman, dice Isaia, bisogna credere! – quanto della sofferenza che porta alla salvezza – Non della forza bisogna vantarsi, dice Geremia, ma di sapere che il Signore è buono ed è con te anche nell'ora della prova! – La Salvezza dell'uomo passa dunque da entrambe queste esperienze; assolutizzarle è, ancora una volta, fare una scelta alla Icaro – si veda il racconto dell'introduzione).

Solo Dio può dare l'amore,
ma tu puoi insegnare a tuo fratello ad amare.

Solo Dio può dare l'allegria,
ma tu puoi sorridere a tutti.

Solo Dio può dare la pace,
ma tu puoi seminare l'unione.

Solo Dio può dare la forza,
ma tu puoi essere l'appoggio dello sconsolato.

Solo Dio è il cammino,
ma tu puoi indicarlo agli altri.

Solo Dio è luce,
ma tu puoi restituire agli altri
la volontà di vivere.

Solo Dio può fare miracoli,
ma tu puoi essere quello che porta
i cinque pani e i due pesci.

Solo Dio può fare l'impossibile,
ma tu puoi fare il possibile.

Solo Dio basta a se stesso,
ma Lui preferisce contare su di te.»

Quella misteriosa
voce mite di Dio...

~Per combattere la Ottite~

A che serve lo strepito della voce, se il cuore tace?

S. Agostino

Non appoggiarti sulle tue convinzioni:

in tutto quel che fai ricordati del Signore

ed egli ti indicherà la via giusta

Proverbi 3,5-6

La Rombo di Tuono

La caccia al nemico andava ormai avanti da giorni. Con quella nebbia era facile nascondersi. Il capitano e tutto il suo equipaggio lo sapevano bene, ma la Rombo di Tuono – la temibile galea che si era lanciata all'inseguimento – non avrebbe fatto marcia indietro proprio ora. No, avrebbe stanato il vile dromone pirata che batteva quel tratto di mare nei pressi di Rodi e che fino a quel momento gli era sfuggito. Ad ogni costo!

All'improvviso la vedetta lanciò un grido all'equipaggio: «Luce a ore dodici!»

Proprio davanti alla nave si intravedeva un fioco bagliore.

«Che direzione sta tenendo? – chiese il Capitano – Se è il nemico lo possiamo speronare!»

«Signore, la luce è ferma!»

«Allora trasmetti subito – ordinò il capitano – Dichiarate se siete amici o avanzeremo contro di voi.»

«Non siamo vostri nemici. Ma non vi conviene avanzare.» Fu la risposta.

«Come sarebbe?» inveì il Capitano della Rombo di Tuono. «Ufficiale, trasmetta subito: Siamo in missione e non possiamo ritardare. Avanzeremo e, se non ci cedere il passo, sarà peggio per voi.»

Dopo un attimo di silenzio, giunse la nuova risposta.

«Dovete correggere la rotta o fermarvi immediatamente. Potreste subire ingenti danni.»

Il capitano, temendo di perdere tempo prezioso che, se utilizzato correttamente, gli avrebbe permesso di raggiungere il nemico, era furente e abbaiò un altro messaggio.

«Sono il Capitano della Rombo di Tuono e non intendo cambiare la rotta della mia nave.»

Ancora giunse una risposta, che fece ulteriormente infuriare il capitano della nave da combattimento.

«Io sono un Sottocapo di Terza Classe. Fareste meglio a cambiare la vostra rotta.»

Quasi al parossismo, il capitano ordinò: «Prepararsi ad avanzare e allo speronamento. Armi pronte, tutti ai posti di combattimento. Capo, dia loro un'ultima possibilità e trasmetta: Qui nave da combattimento Rombo di Tuono, stiamo per speronarvi a meno che non dichiarate la resa incondizionata.»

La risposta non tardò neppure questa volta: «Qui Faro del Porto di Rodi. Attenti a quello che fate.»

Senza più comunicati, né rabbia, né grida, la Rombo di Tuono cambiò immediatamente rotta.

Comandare è avere delle responsabilità. Talora è guidare una nave come nessun altro saprebbe fare. Ma il comando senza ascolto e senza umiltà diventa un inferno per tutti quelli che sono a bordo e magari pure per chi si trova sulla nostra direzione... Ancora sicuri che siano gli altri a dover correggere la propria rotta?

* * *

Vento impetuoso? No, brezza sottile

Elia camminò per quaranta giorni e quaranta notti fino al monte di Dio, l'Oreb.

Ivi entrò in una caverna per passarvi la notte, quand'ecco il Signore gli disse:

«Che fai qui, Elia?».

Egli rispose: «Sono pieno di zelo per il Signore degli eserciti, poiché gli Israeliti hanno abbandonato la tua alleanza, hanno demolito i tuoi altari, hanno ucciso di spada i tuoi profeti. Sono rimasto solo ed essi tentano di togliermi la vita».

Gli fu detto: «Esci e fermati sul monte alla presenza del Signore».

Ecco, il Signore passò. Ci fu un vento impetuoso e gagliardo da spaccare i monti e spezzare le rocce davanti al Signore, ma il Signore non era nel vento.

Dopo il vento ci fu un terremoto, ma il Signore non era nel terremoto.

Dopo il terremoto ci fu un fuoco, ma il Signore non era nel fuoco.

Dopo il fuoco ci fu il mormorio di un vento leggero.

Come l'udì, Elia si coprì il volto con il mantello, uscì e si fermò all'ingresso della caverna. Ed ecco, sentì una voce che gli diceva:

«Che fai qui, Elia?».

Egli rispose: «Sono pieno di zelo per il Signore, Dio degli eserciti, poiché gli Israeliti hanno abbandonato la tua alleanza, hanno demolito i tuoi altari, hanno ucciso di spada i tuoi profeti. Sono rimasto solo ed essi tentano di togliermi la vita».

(1 Re 19, 8-14)

La storia di Elia quanto assomiglia alla nostra![100] Per chi si fosse perso qualche passaggio riassumo: il

---

[100] Come discusso nel capitolo sulla Settite, la Parola di Dio ci presenta la vita concreta di personaggi che sono cercatori di Dio pieni di debolezze e con un cammino disseminato di difficoltà come il nostro... Davvero la Parola di Dio può essere uno specchio per la nostra vita da prendere in seria considerazione! *Nota:* In questo capitolo, attraverso l'incontro di

popolo di Gerusalemme vive nella corruzione. Adora falsi dei, tra cui, quello che va più di moda, è un certo Baal. I suoi adepti più fedeli prescrivono addirittura di offrire sacrifici umani in suo onore... Elia, uomo della tempesta, paladino di Dio, arriva a fare piazza pulita[101]. Compie una spettacolare dimostrazione del fatto che il suo Dio sia l'unico e il solo (cfr. 1 Re 18) dopodiché che fa? Sgozza, senza pensarci due volte, tutti gli impostori e i nemici[102], e ... che succede? Ovviamente la regina Gezabele tuona la sua vendetta contro Elia: «Gli dèi mi facciano questo e anche di peggio, se domani a quest'ora non avrò reso te come uno di quelli»[103] (1 Re 19,2). Elia, con le guardie reali alle costole, per una volta non fa l'eroe ma accende il cervello e... fugge! Si ritrova nel deserto e, chissà, forse messo dinanzi all'arsura della sua vita, al deserto del proprio animo, si rende conto del suo agire impulsivo e violento che non ha prodotto alcun risultato. Vorrebbe morire, chiede a Dio di riprendersi la sua vita:

---

due personaggi della Bibbia, vedremo una diretta applicazione di quello che si è in precedenza accennato sulle chiavi di lettura della Bibbia.

[101] Non ne conoscete di paladini di Dio? No?!? Armati della migliore aggressività che ci sia in commercio, sanno fare piazza pulita di amici e nemici in un istante. Le loro arringhe restano nella memoria delle persone per lungo tempo, non altrettanto nella loro. Come è possibile ciò? Ottite acuta, amici. È scritto nel suo DNA!

[102] Ha appreso bene dal suo dio (Dio?!?) il paladino Elia. Vi stupite ancora che lo chiami «Dio degli eserciti»? *Nota Bene:* Dio è così umile da accettare che gli vengano attribuite caratteristiche e azioni che lui non possiede né ha mai compiuto. Gli esegeti definisco questa caratteristica stupefacente di Dio con un nome altisonante ma azzeccato: *mirabile acquiescenza di Dio.*

[103] Tipico degli affetti da Ottite: rispondere al fuoco con il fuoco, alla violenza con la violenza, alla provocazione con altre provocazioni. Il motto preferito di un malato da Ottite? È semplicissimo: «Occhio per occhio e dente per dente». Una cura pronta e immediata? Ce la offre Gandhi: *«Occhio per occhio rende il mondo cieco».*

«Ora basta, Signore! Prendi la mia vita, perché io non sono migliore dei miei padri»[104] (1Re 19,4). Ma Dio ha in mente ben altro per Elia e lo sfama con un pane capace di farlo camminare per quaranta giorni e quaranta notti[105]. Dove arriva? All'Oreb, il monte dove era salito pure Abramo per compiere il sacrificio di Isacco[106].

Qui Elia compie la sua conversione, volge lo sguardo dalla tempesta che è nel suo cuore, dal terremoto che vorrebbe devastasse la Gerusalemme peccatrice, dal

---

[104] Elia si sente sconfitto, perché non è riuscito ad essere *migliore dei suoi padri*... Ma è questo il successo vero della vita, fare meglio di chi ci ha preceduto, dimostrare al mondo di essere i più forti, i migliori?

[105] La simbologia e la numerologia sono assai ricorrenti nella Bibbia. Quaranta è generalmente usato per indicare un lungo periodo di isolamento e purificazione. Guarda caso il diluvio universale dura quaranta giorni (cfr. Gen 7), nella vita di Mosè 40 anni furono al servizio del Faraone, 40 di fuga nel deserto e altri 40 di pellegrinaggio nel deserto con tutto il Popolo di Israele. 40 giorni sono anche il periodo di Gesù nel deserto. Lì il diavolo gli offre, nella prima delle tentazioni, di trasformare la roccia in pane, ma «Non di solo pane vivrà l'uomo, ma di ogni Parola che esce dalla bocca di Dio...». Il pane che sostiene il cammino spirituale dell'uomo, del popolo di Dio nel deserto (la manna) e di Elia verso l'Oreb (la focaccia di pane) è un altro pane, il Pane di Vita che ci lascia Gesù con l'Eucaristia.

[106] Da qui capiamo che il racconto di Elia è innanzitutto un racconto pedagogico, messo per scritto molti anni dopo l'avvenuta dei fatti. Il ritorno all'Oreb è il ritorno alle origini della Fede! È lì che Elia e il popolo di Gerusalemme devono tornare, al vero volto di un Dio che non vuole sacrifici umani, ma che è amante della vita. Non deve stupire che gli esegeti abbiamo scoperto che il racconto di Abramo sia stato messo per iscritto proprio dai discepoli di Elia: anch'esso è un racconto fortemente pedagogico che vuole insegnare che nemmeno Abramo, Padre della fede, sacrificò il Figlio Isacco. Dio gli chiese davvero nella sua crudeltà di offrire suo figlio come sacrificio? Probabilmente no, nemmeno per testare la sua fede: ma agli occhi del popolo che adora Baal è importante capire questo passaggio: sia a Baal che al Dio di Abramo si possono offrire sacrifici umani, ma il Dio di Abramo interviene, perché è il Dio della vita e gli basta la fede del cuore.

fuoco che vorrebbe bruciasse i suoi nemici, alla brezza leggera che è invece il cuore (e lo stile) di Dio.

Non con la forza, ma con la mitezza si riempiono il cuore di Elia, il cuore dell'uomo assetato di giustizia, di verità, di Dio.

* * *

Est modus in rebus

In quei giorni comparve Giovanni il Battista a predicare nel deserto della Giudea, dicendo: «Convertitevi, perché il regno dei cieli è vicino!».

Egli è colui che fu annunziato dal profeta Isaia quando disse:

Voce di uno che grida nel deserto:

Preparate la via del Signore,

raddrizzate i suoi sentieri!

Giovanni portava un vestito di peli di cammello e una cintura di pelle attorno ai fianchi; il suo cibo erano locuste e miele selvatico. Allora accorrevano a lui da Gerusalemme, da tutta la Giudea e dalla zona adiacente il Giordano; e, confessando i loro peccati, si facevano battezzare da lui nel fiume Giordano.

Vedendo però molti farisei e sadducei venire al suo battesimo, disse loro:

«Razza di vipere! Chi vi ha suggerito di sottrarvi all'ira imminente? Fate dunque frutti degni di conversione, e non crediate di poter dire fra voi: Abbiamo Abramo per

padre. Vi dico che Dio può far sorgere figli di Abramo da queste pietre.

Già la scure è posta alla radice degli alberi: ogni albero che non produce frutti buoni viene tagliato e gettato nel fuoco.

Io vi battezzo con acqua per la conversione; ma colui che viene dopo di me è più potente di me e io non son degno neanche di portargli i sandali; egli vi battezzerà in Spirito santo e fuoco.

Egli ha in mano il ventilabro, pulirà la sua aia e raccoglierà il suo grano nel granaio, ma brucerà la pula con un fuoco inestinguibile».

In quel tempo Gesù dalla Galilea andò al Giordano da Giovanni per farsi battezzare da lui. Giovanni però voleva impedirglielo, dicendo: «Io ho bisogno di essere battezzato da te e tu vieni da me?». Ma Gesù gli disse: «Lascia fare per ora, poiché conviene che così adempiamo ogni giustizia».

Allora Giovanni acconsentì. Appena battezzato, Gesù uscì dall'acqua: ed ecco, si aprirono i cieli ed egli vide lo Spirito di Dio scendere come una colomba e venire su di lui. Ed ecco una voce dal cielo che disse:

«Questi è il Figlio mio prediletto, nel quale mi sono compiaciuto».

(Mt 3,1-17)

Pelli di cammello e cintura di pelle ai fianchi. Così l'evangelista ci presenta il veemente predicatore, Giovanni il Battista. Strano – non trovate? – che siano proprio gli stessi indumenti che indossava il profeta Elia?[107]

Il Battista ha avuto l'incarico di preparare la via all'avvento di Gesù. Tuttavia i modi sono una sua scelta esclusiva[108]. La sua, di scelta, è chiara e netta: maniere forti, persino un po' rudi. Pane al pane e vino al vino, come si suole dire. Non risparmia nessuno nelle sua predicazione, a costo di perderci la faccia (e pure la testa, così ci dice la storia).

La voce del Battista è una voce forte, che grida. Anche se nel deserto, anche se nessuno lo ascolta, il Battista grida[109]. Lo fa col cuore, lo fa per un giusto fine, ma quando arriva Gesù si capisce subito che lo stile del Maestro è profondamente diverso. Eppure, i cuori da convertire, le voci su cui prevalere non sono forse sempre le stesse?

---

[107] La Bibbia ci presenta dei riferimenti incrociati che sono delle perle. Peccato non balzi subito all'occhio il link su cui cliccare e in cui vedere uscire la pagina della nostra enciclopedia elettronica preferita. Tuttavia, pure molte Bibbie, commentate da illustri esegeti, riportano a margine o nelle note questi riferimenti. Anche se ciò richiede uno sforzo in più di un semplice click sul nostro PC, fare uso di codeste sconosciute note bibliche, ogni tanto, può essere un modo per aprire porte inaspettate e rendere ancora più appassionante la nostra conoscenza della Parola di Dio.

[108] Tipico di Dio: lasciare a noi, fino all'ultimo, la possibilità di scegliere il modo attraverso cui fare meglio emergere la nostra personalità, i nostri talenti. Nel caso del Battista è probabile che sia emersa pure un po' di Ottite, ma luci e ombre si mischiano in continuazione nel cammino dei Cercatori di Dio.

[109] Piacerà molto al tipo che soffre di Ottite (e forse pure di otite): il gridare sembra l'unico rimedio efficace contro altri che fanno la voce forte... Sicuri-sicuri che sia davvero efficace e, soprattutto, che sia davvero l'unico metodo valido?

«Egli vi battezzerà con fuoco» gridava il precursore. Le sue parole si compiranno con la Pentecoste, ma è probabile che Giovanni pensasse ad un Messia dallo scettro di fuoco prima ancora che a colui che dona lo Spirito Santo. Gesù invece si fa battezzare con acqua, tra lo stupore dello stesso Giovanni Battista. E non spende una parola, lascia che siano gli eventi (in questo caso la voce del Padre) a confermarlo.

Più avanti, nel freddo della prigione, il Battista ha modo di riflettere (per Elia fu invece nel caldo micidiale del deserto... ma sempre di luogo "estremo", che induce al contatto vero con sé stessi, si tratta. E dal deserto, dalla prigione non si può scappare: l'uomo è costretto a fermarsi e a riflettere). E così l'impetuoso Giovanni comprende che deve anche lui farsi mite di cuore, per far sì che sia lo stile di Dio, e non il proprio, a prevalere. Da un uomo che voleva insegnare a Dio il suo mestiere («Io ho bisogno di essere battezzato e tu vieni da me?») si passa ad un uomo che è disposto a farsi da parte, ad affidare i propri fedeli discepoli al Maestro vero (cfr. Lc 7, 18-23).

È qui che si gioca la vera essenza dell'ultimo profeta dell'Altissimo: nel momento in cui si attua la sua conversione[110].

Elia e il Battista, ammantati di stracci e pelli di cammello (gli abiti dei poveri), ci insegnano dunque la difficile ma appagante conversione alla mitezza di Dio. Difficile, perché è una lotta contro il proprio istinto di sopravvivenza; appagante, perché è la distruzione del

---

[110] Si vedano le note dei primi capitoli sul vero significato del termine *conversione*.

vero grande guerriero e sacerdote di Baal che ci sia sulla terra: il fariseo che ha dimora nella nostra anima.

Una via che può concretamente aiutare in questo, oltre alla preghiera, è quella di coltivare un autentico amore ai poveri. Non solo portando indosso i loro abiti, ma condividendo un po' della polvere del loro cammino. Quella del povero ti arricchirà se saprai usare vera *compassione*[111].

**«È amando gli uomini
che si impara ad amare Dio.»**

Charles De Foucauld

Spunti pratici

- ✓ Nessuno lavora e tu sei l'unico che si sta rimboccando le maniche? La lotta al fannullone di turno è encomiabile, ma perché non chiedere allo Spirito anche uno *stile docile*?

- ✓ Non occorre tagliare la testa a tutti i profeti di Baal per dimostrare la propria ragione, né piantare la scure a ogni albero che non produce frutto per vedere fiorire il campo di Dio solo di spighe buone senza zizzania[112]. Se sei nel giusto i fatti

---

[111] Compassione = sentire con. È la capacità (con l'allenamento può divenire un'arte) di sentire empatia, d'essere un cuor solo con la persona che si ha a fianco. Anche la preghiera è chiamata a divenire compassione, ovvero profonda empatia col cuore di Dio.

[112] Gesù stesso nella parabola del campo di grano e della zizzania (cfr. Mt 13, 24-30) dice di non affannarsi a togliere la zizzania infiltrata... si rischia solo, accecati dalla sudditanza al virus dell'Ottite, nella foga di far piazza pulita di erbacce, di levare anche spighe che, invece, sono ricche di grano buono. Dà loro il tempo di maturare: Dio alla fine separerà il

parleranno per te, gli strilli e la veemenza ti potranno offrire manforte una volta, forse anche due... alla terza stai sicuro che ti sarai già creato dei nemici, oggi la regina Gezabele pronta a tuonare contro di te, domani il re Erode di turno... L'ascolto, la compassione, la forza dell'amore possono ottenere risultati ancora più grandi: dai loro spazio nella tua vita e lascia loro il tempo di agire... Se tu fai la tua parte, vuoi che Dio non faccia la sua?[113]

✓ Resta più che mai valida la preghiera: «Signore, che vuoi da me per questa persona?» Prova a farla dinanzi all'Eucaristia, alla mitezza di quel pane pronto anche a farsi calpestare... La tua preghiera acquisterà allora una portata ancora più elevata.

✓ L'Adorazione Eucaristica è mettersi all'ombra delle ali dell'Altissimo, è respirare il suo anelito

---

frutto buono da quello fasullo (la zizzania è infatti una pianta che produce una spiga simile a quella del granoturco ma...vuota!). E se poi la spiga vuota d'amore fosse proprio quella del tuo cuore...?

[113] *«Quando Dio tace, è perché vuole che ci rimbocchiamo le maniche e facciamo la nostra parte!»* (Andrea Gasparino) L'altra spiegazione al silenzio di Dio può essere una acuta Ottite, così acuta da ripercuotersi sull'udito spirituale del paziente e tramutarsi, così, in una otite vera e propria. L'otorino che ci vuole in questi casi è quello che si trova nel silenzio di un deserto *inatteso*, nella fredda calma di una prigionia piovuta *per caso*, nel respiro del vento sottile di una caverna *fortuita*. (Nota: di *inatteso*, di cose accadute *per caso*, di eventi *fortuiti* c'è ben poco quando si parla di pazienti affetti da Ottite. Queste croci impreviste sono, assai spesso, il frutto di tante scelte che han prodotto un effetto "domino". Magari un domino dall'onda lunga, ma che prima o poi arriva. C'è da gridare al complotto? O, peggio, da scagliarsi contro la malasorte, il fato, Dio stesso? No, c'è davvero da rimboccarsi le maniche e pensare che è da quel deserto, da quella prigionia, da quella sperduta caverna che occorre ripartire. Dio sa trarre del bene anche dal male, e tramuta le spine in fiori. Basta che tu e la tua malattia gli diate campo sufficiente per agire...).

sottile, è rimanere nella luce quando le ombre della sera ci fanno sentire impotenti e prigionieri; è, soprattutto, arrendersi all'amore di Dio[114]. Lui che è faro potrà indicare la via alla nostra nave ma addirittura potrà trasformarla: da nave da guerra a peschereccio in grado di salvare chi aspetta il nostro aiuto, il nostro amore.

✓ Non chiedere tanto a Dio che ti faccia compiere un "buon servizio", ma piuttosto che ti faccia comprendere *il valore* di quel servizio. «Servire», infatti, non è «aiutare» ma è qualcosa di più. A questo proposito può essere utile fare una breve ma significativa riflessione parafrasando le parole di Frank Ostaseski[115] su questa importante

---

[114] Finché non avremo sperimentato l'Amore di Dio, il nostro cristianesimo sarà come le bugie: avrà le gambe corte! Se non c'è Amore, non c'è benzina e prima o poi fioccheranno le delusioni, le spugne gettate, gli improvvisi abbandoni. Chi si getta nel servizio e nel volontariato avventatamente rischia solo, come si dice in gergo, di "bruciarsi". Per questo sono importanti la formazione personale e un rapporto autentico con il motore di ogni carità: Dio. (Se ancora non si fosse capito, questo rapporto ha un solo nome: la preghiera!). Un episodio che può convincerci tutti di questo. Soventi volte fu chiesto a Madre Teresa di Calcutta come potesse resistere così a lungo in mezzo a situazioni di povertà al limite di ogni condizione di accettabile umanità. Le sue risposte sono state sempre queste due: ogni mattina, prima di dedicarsi alla cura dei poveri, Madre Teresa e le sue sorelle spendevano un'intera ora di preghiera davanti a Gesù Eucaristia. Solo in questo modo – seconda risposta – erano in grado di vedere in quei poveri non un volto che desta il ribrezzo, ma il volto luminoso di Cristo sofferente.

[115] Per chi volesse approfondire questo il riferimento esatto: Frank Ostaseski, Saper accompagnare, Ed. Mondadori, 2006. In esso si trova pure una trattazione di alcune malattie spirituali in gran parte riconducibili alle nove malattie qui trattate. Per gli affetti da Ottite e da Duite, si potrebbe ben applicare quella che Ostaseski chiama "la sindrome del soccorritore", ossia la sindrome di chi, dinanzi a una malattia grave o incurabile, non è pronto a capire cosa realmente serva e dunque cerchi solo conferme alla propria identità! Questa sindrome porta a prendere le distanze dalla sofferenza dell'altro attraverso la pietà, la paura, il calore

distinzione che può davvero segnare la *qualità* del nostro cristianesimo:

L'aiutare qualcuno non è quasi mai un rapporto alla pari, ma porta in sé una disuguaglianza: chi ha più possibilità, più tempo, più energie dona qualcosa di sé a chi ne ha meno. Una delle due parti si trova in una posizione svantaggiata: la disuguaglianza è palpabile. E talvolta è percepita in maniera così netta che chi è aiutato in realtà si sente non arricchito, ma ulteriormente indebolito. Nella dignità, nell'autostima.

Per far divenire l'aiuto un <u>vero</u> servizio bisogna mettere in campo qualcosa di più della nostra forza, del nostro tempo e delle nostre energie. Serve la totalità di noi stessi, comprese le nostre debolezze, i nostri limiti, le nostre ferite, il nostro lato oscuro, la nostra malattia spirituale o esistenziale che sia. Dobbiamo attingere all'intera gamma delle nostre esperienze perché solo con la pienezza e l'interezza di se stessi si può realmente servire l'interezza dell'altro e della vita!

Se l'aiuto crea una situazione di debito, il servizio è alla pari perché instaura una reciprocità.

<u>L'aiutare genera soddisfazione; servire genera gratitudine.</u>

Infine un'ulteriore precisazione: servire non è neppure 'provvedere': quando si provvede a

---

professionale e persino attraverso i gesti caritatevoli. Chi è affetto dalla sindrome del soccorritore rischia seriamente di finire in una prigione fatta di buoni sentimenti e di far rimanere a lungo intrappolato sia il vero io sia la persona che si crede di servire. Occorre vigilare molto per evitare di identificarsi con il ruolo del soccorritore-ad-ogni-costo!

qualcuno lo si sta implicitamente giudicando perché si vede in lui una palese mancanza a cui io (che mi sento migliore e, in qualche misura, superiore e in diritto di intervenire) provvedo.

In definitiva aiutare, provvedere, servire sono tre differenti risvolti di tre differenti visioni della vita: quando si aiuta è perché la vita appare debole; quando si cerca di provvedere è perché la vita sembra avere qualcosa che non va; quando si serve è perché la vita appare completa e ci si sente consapevoli di essere parte di un disegno più ampio e ci si fa strumento di qualcosa (o Qualcuno) più grande di noi stessi.

✓ Sei riuscito ad entrare nel cuore della preghiera che ti ha dilatato il cuore? Hai fatto esperienza dell'Amore di Dio? Da qui allora può partire la terapia dell'amore ai poveri[116]. Ricorda che il primo povero da accettare[117] è quello vicino a te: il fidanzato/la fidanzata, il marito/la moglie, i genitori/i figli; ...

---

[116] Si, hai capito bene, anche l'amore ai poveri è una *terapia!* Scrive P. Andrea Gasparino: «Ho bisogno del povero. Il povero mi purifica. Il povero mi completa. Il povero mi istruisce. Il povero mi arricchisce.»

[117] Accettare non nel senso che vorrebbe l'Ottite, ossia di usare l'accetta (dei rimproveri, delle dure correzioni, delle "giuste" imposizioni, ...), ma nel senso di accogliere, ascoltare, rispettare! Credo che per un degente da Ottite (ma in fondo vale per tutti) il vivere un rapporto sentimentale con profonda accoglienza dell'altro sia una ottima cura. Molto bella la formula del matrimonio che dice: *«Io accolgo te come mio sposo/mia sposa. Con la grazia di Cristo prometto di esserti fedele sempre, nella gioia e nel dolore, nella salute e nella malattia, e di amarti e onorarti tutti i giorni della mia vita.»*

✓ Per il dono della mitezza (un'altra sfaccettatura della carità), il dono di un cuore gentile e accogliente, può essere utile questa preghiera che è stata ripresa da più persone nel corso della storia:

**«Signore,
dammi la forza di cambiare
le cose che posso modificare**

**e la pazienza di accettare
quelle che non posso cambiare**

**e la saggezza per distinguere
le une dalle le altre.»**

(S. Thomas More)

2

Scoprire il vero volto dell'umiltà

~Per combattere la Duite~

Gareggiate nello stimarvi a vicenda

Rm 12,10

Ogni amore o ascende o discende;

dipende dal desiderio:

se è buono ci innalziamo a Dio,

se è cattivo precipitiamo nell'abisso...

S. Agostino

A ben vedere...

Un discepolo e un maestro stavano percorrendo una vasta radura erbosa nella quale, or qui or là, giganteggiavano alcuni alberi maestosi.

«Maestro – chiese il giovane – noi uomini spirituali non siamo forse come queste piante che si elevano di tanto rispetto al tappeto erboso?»

«Non lo so. Bisognerebbe chiederlo a Dio. Egli vede le cose dall'alto, e alberi ed erba non sono per lui che un unico manto verde.»

[Tratto da: Il libro degli esempi, Ed. Gribaudi, 1990]

Amico lettore, ti senti per caso un uomo spirituale? O, più semplicemente, un uomo capace di amore, capace di donarsi? Capace di arrivare dove altri non sanno arrivare?

In tal caso rileggi il racconto: potrebbe farti davvero del gran bene...

* * *

Un oggetto di dubbio valore

«Oggetto numero cinquantatré.... Dovrebbe trattarsi di...» Il banditore dell'asta si chinò un momento per controllare di cosa si trattasse. Quel pezzo, in fondo, era stato inserito all'ultimo nel catalogo dell'asta e non aveva fatto in tempo a esaminarlo con cura. Ma che cosa era, in fondo? Un liuto piuttosto malconcio, con una evidente scheggiatura e le corde allentate. Una chiave di accordatura era pure spezzata.

«...Un liuto. Eccolo qua! Prezzo base... vediamo... cinquanta denari!»

«Io offro sessanta!»

«Settanta!» replicò un anziano signore con dita agili da menestrello.

«Cento.» Fu la voce di una donna con una stola di pelo di martora, seduta nelle ultime file. Una signora che stava qualche fila più in avanti, evidentemente un'amica, si voltò: «Ma che fai, non hai visto com'è?»

Il commento era giunto anche al banditore che con un po' di imbarazzo ora cercava di rilanciare: «Nessuno offre di più? Un liuto è pur sempre un liuto, nobile strumento per ricche signore e abili cantori e...»

«Centodieci!» Fece eco un giovane uomo di lato.

«Centodieci! Bene, bene – ansimò il banditore, che frattanto stava già gettando l'occhio sull'oggetto successivo del catalogo, mentre il pubblico mormorava – centodieci e uno, centodieci e due...»

La chiusura dell'asta fu bloccata da un uomo di bassa statura con la barba che, senza essere notato, si era alzato ed era avanzato fino al palco del banditore: chiedeva se fosse possibile avere in mano lo strumento prima che fosse battuto il prezzo finale. Un po' riluttante, ma capendo che non aveva nulla da perdere con un oggetto di così scarso valore, il banditore passò il liuto all'uomo.

Questi lo prese con delicatezza, tirò fuori dalla tasca un panno evidentemente imbevuto di qualche sostanza visto che appena venne passato sul legno lo rese più lucido. Poi tese le corde allentate e tirò fuori una piccola pinzetta per poter girare la chiave rotta e accordare anche quella corda. I movimenti erano rapidi e sicuri e presto nella sala calò il silenzio, con gli occhi di tutti fissi sulle mani vecchie ma esperte di quell'uomo. Gli ci volle ancora qualche istante di lucidatura e accordatura prima che pizzicasse le corde. E l'incantò inizio. La melodia che seguì nei minuti successivi avvolse l'intera sala, tutti trattennero il respiro e pensarono che non avevano mai sentito suono più dolce, più sublime, così pieno e così intenso. Fu questione di due minuti, forse tre. Senza dire nulla il piccolo uomo riconsegnò il liuto al banditore e tornò da dove era venuto. Un istante dopo l'asta riprese:

«Mille denari!» Iniziò una donna in prima fila.

«Duemila!» Fece eco un'altra voce.

E ci volle parecchio prima che, tra l'euforia e l'incredulità, il banditore potesse assegnare il liuto ad un uomo maturo, che si scoprì essere un esperto musicista, per ben venticinquemila denari.

In tanti era sconcertati e qualcuno, terminata l'asta, domandò al banditore: «Ma tu lo sapevi...?»

«Che valeva così tanto e che era un pezzo unico... Assolutamente no!»

«Ma allora cosa ha cambiato il valore di quel liuto?»

«Questa domanda invece è semplice e posso rispondere con certezza: è stato il tocco del maestro!»

Osserva il maestro: se ne sta in disparte, nessuno sa chi sia.

Entra al momento giusto, non ha bisogno di applausi o di essere riverito. Lui c'è. Fa la sua parte, tutta volta a valorizzare il vecchio liuto. E poi come è entrato in scena ne esce[118].

Il vero maestro è proprio colui che sa dare il tocco giusto alle persone, quel tanto che basta a valorizzarle. Tutto il resto viene da sé.

---

[118] Uno dei sintomi più marcati della Duite (ed anche tra i più difficili da combattere) è proprio questo: l'uscita di scena al momento giusto. L'affetto da Duite vorrebbe rimanere per sempre in scena e fare suo il liuto. In fondo è lui che gli ha dato quel tocco magico... Sarebbe, dopotutto e in fin dei conti, giusto impossessarsene, no?!?

Figli del tuono

Giovanni prese la parola dicendo: «Maestro, abbiamo visto un tale che scacciava demòni nel tuo nome e glielo abbiamo impedito, perché non è con noi tra i tuoi seguaci». Ma Gesù gli rispose: «Non glielo impedite, perché chi non è contro di voi, è per voi».

Mentre stavano compiendosi i giorni in cui sarebbe stato tolto dal mondo, si diresse decisamente verso Gerusalemme e mandò avanti dei messaggeri. Questi si incamminarono ed entrarono in un villaggio di Samaritani per fare i preparativi per lui. Ma essi non vollero riceverlo, perché era diretto verso Gerusalemme.

Quando videro ciò, i discepoli Giacomo e Giovanni dissero: «Signore, vuoi che diciamo che scenda un fuoco dal cielo e li consumi?».

Ma Gesù si voltò e li rimproverò. E si avviarono verso un altro villaggio.

(Lc 9, 49-56)

Giacomo e Giovanni sono detti "boanerghes", i figli del tuono. Questo episodio dovrebbe farti capire il perché di questo appellativo, amico lettore che sorridi. Ci sono fasi della vita in cui attraversiamo tutti una buona dose di frustrazione spirituale: dedichiamo il tempo programmato alla buona pratica della recita delle preghiere, prendiamo senza sgarrare la messa domenicale, ci impegniamo pure ad essere onesti e poi la volta che ci azzardiamo a spendere una buona parola per la Chiesa e il Vangelo siamo pure presi a pesci in faccia[119].

Siamo seri, seguaci del Nazzareno, siamo seri! Assolvere a tutti questi "doveri" non è certo ciò che Gesù vuole. Così come non ha bisogno di paladini della fede. A Pietro che sfodera la spada nell'orto degli ulivi per difendere il Messia dalle guardie di Erode che son venute per catturarlo, Gesù parla in maniera chiara: «Rimetti la spada nel fodero» (cfr. Mt 26,52 o Gv 18,11). C'è da scommetterci: in quella stessa circostanza Giacomo e Giovanni saranno stati sul punto di invocare un intero esercito di fuoco divino per difendere il Salvatore. Ma il Messia non ha bisogno di essere da noi onorato con la spada, il Salvatore non ha bisogno di essere da noi salvato[120]. Ha bisogno di tutt'altra cosa: della nostra conversione. Dal dio che ci siamo creati nella nostra testa, al Dio vero, che Lui, Figlio dell'Uomo, è venuto a mostrarci.

---

[119] *Recita delle preghiere:* è davvero questo, la buona pratica della preghiera parolaia, che stiamo con dovizia attuando?!? *Prendere la Messa:* è davvero così che viviamo, in maniera passiva (prendere è ben diverso da partecipare), l'incontro con Cristo Eucaristia?!? *Impegno all'onestà:* è questo il miglior frutto del nostro cristianesimo? Limitarsi a non truffare e a non fregare il prossimo?!? *Spendere una buona parola per la Chiesa:* è davvero questo il punto che ci salva di fronte al mondo che non perde occasione di attaccare la Chiesa? Una a tantum non far finta di nulla e spendere una risicata buona parola per le gerarchie vaticane?!? (Perché, in fondo, «Chiesa» non siamo mica noi tutti, popolo di Dio, è ben il Vaticano che si intende, no?!?).

[120] *Salvare Dio!* È questo che il germe della Duite instilla nell'animo facendo proliferare i suoi batteri mortali. Un paziente affetto da grave Duite arriverà a pensare che Dio gli faccia proprio pena tanto poca sia la sua capacità di azione e di donarsi agli altri... la propria, infatti, è migliore! Per questo occorre salvare Dio ed essere a lui superiori: forza, all'assalto dell'albero della conoscenza del bene e del male! (E poi non dite che i batteri della Duite non sono *mortali...*)

Sembra incredibile come nella nostra vita spirituale questo leitmotiv ricorra periodicamente: ci convertiamo[121], viviamo secondo i nuovi canoni raggiunti, rendiamo parte di ciò una cerchia di persone a noi più o meno vicine e infine... scopriamo che dobbiamo ripartire e convertirci di nuovo!

E così capita che si voglia uscire dal circolo vizioso, perché stufi di essere sempre noi quelli che si spezzano per gli altri, che si accollano tutte le pratiche più gravose, i doveri più frustranti...[122] La nube del brontolamento frattanto si ingigantisce e presto non è più nube, ma grande perturbazione, carica di fulmini e tempesta, di tutto il tumulto che ci scuote e ci ferisce... Anche noi, insomma, siamo figli del tuono.

La risposta di Dio a tutto questo, al nostro volere che Lui faccia, una buona volta, qualcosa, è tanto semplice quanto disarmante: «Non sarà dato loro altro segno, se non quello del profeta Giona!»[123] (Mt 12,39 e anche Mt 16,4). Chi mette alla prova Gesù si aspetta una risposta "fattiva", Gesù che fa? Semplice: offre invece una risposta di "stato".

---

[121] Meglio ancora: crediamo di esserci convertiti! E lo crediamo sul serio, non con l'inganno di qualche germe (vedi Treite), ma perché ci siamo veramente sforzati e abbiamo pure sudato... Si tratta solo di un errore di valutazione: abbiamo vinto una battaglia, non la guerra; abbiamo mosso un passo verso la montagna, ma la montagna è ancora lassù.

[122] Sei sempre e solo tu quello che si prodiga per gli altri? Quello del «magari ricevessi un decimo di quel che dono»? Attento, amico, potresti essere affetto dalla *sindrome del soccorritore* (vedi nota n. 115). Una visita per diagnosticare la probabile positività da Duite è quanto mai consigliata.

[123] «Non sarà dato *loro* alcun segno...» ma *loro* chi? Che si tratti per caso degli affetti da Duite?!?

La bizzarra, amletica espressione di Gesù in merito al «segno del profeta Giona», oltre a ricorrere per ben due volte nel vangelo di Matteo, viene ripresa anche da Luca il quale precisa ancor meglio l'intento di Gesù:

«I tuoi occhi sono come una lampada per il tuo corpo: se i tuoi occhi son buoni, tu sei totalmente nella luce; se invece son cattivi, tu sei nelle tenebre. Perciò, stai attento che la tua luce non diventi tenebra. Se dunque tu sei totalmente nella luce, senza alcuna parte nelle tenebre, allora tutto sarà splendente, come quando una lampada ti illumina con il suo splendore» (Lc 11,34-36).

Si evince allora che la risposta di "stato in luogo" di Gesù è riferita alla nostra anima. Se c'è la tempesta o il desiderio di scatenare fulmini su altri, forse è in noi stessi che c'è qualcosa che non va, prima ancora che nel mondo o in Dio. È allora proprio questa la grazia, il miracolo da implorare a Dio: che rinnovi il nostro, di cuore, che aumenti la nostra, di fede[124].

Il «segno del profeta Giona», che può aver lasciato lì per lì basito qualcuno, altro non è che la Risurrezione (Giona infatti stette tre giorni nel ventre della balena dopodiché fu sputato e, scampato dalla furia del mare, fu come se fosse ritornato in vita). Cristo, l'unto da Dio che ha ricevuto una precisa missione dal Padre, sa

---

[124] O credi di non averne bisogno? La tua fede ormai ha imparato quel che doveva imparare, la tua capacità di amore, al massimo, può avere bisogno di qualche rifinitura, ma il grosso c'è e basta? Sì?!? È proprio così? Significa allora che la tua fede ha un <u>immenso</u> bisogno di ripartire e che alla tua capacità di amore urge un <u>profondo</u> rinnovamento: il germe della Duite le ha profondamente intaccate al punto da renderle, da un momento all'altro, pericolosamente instabili. Attento a non fare un bel volo, amico: «Chi crede di stare in piedi, guardi di non cadere» (1 Cor 10,12).

bene che tutto deve portare là, al dono dello Spirito, che tutto rinnova[125]. Ma non c'è Spirito senza Risurrezione e non c'è Risurrezione senza Croce.

Tutto questo, amico lettore, ci porta in ultimo ad affrontare un tema assai delicato, ma fondamentale, per un cristiano e per la vita di guarigione e di preghiera: la «Sapienza della Croce».

Il termine appare molto da scuola di teologia, ma in realtà in esso è racchiusa la più profonda delle scuole di vita (compresa la scuola dell'umiltà). La vita è lotta e non serve illudersi e credere che le cose andranno eternamente bene. È vero, spesso ci sembra che tutta l'infelicità del mondo sia la nostra e che gli altri siano

---

[125] È lo Spirito Santo, vale la pena ribadirlo, il motore della nostra preghiera e l'essenza del nostro essere Cristiani. Guardiamo agli Apostoli prima della Pentecoste: sarebbero ancora un gruppo di emeriti sconosciuti che hanno seguito per una trentina d'anni un povero falegname che ha giocato a fare Dio! Uno dei tanti insomma... Lo stesso Gamaliele, un Maestro della Legge del tribunale ebraico incaricato di giudicare i seguaci del Nazzareno per la loro iniziale predicazione, ragiona così: «Pensate bene quello che volete fare con questi uomini (i seguaci del Nazzareno, N.d.R.). Non molto tempo fa, ricordate, fece gran chiasso un certo Tèuda il quale diceva di essere un uomo importante, e aveva circa quattrocento seguaci. Ma poi egli fu ucciso, e quelli che lo avevano seguito si dispersero fino a scomparire del tutto. Dopo di lui, all'epoca del censimento, si presentò un certo Giuda, oriundo della Galilea. Egli persuase un gran numero di persone a seguirlo, ma anche lui fu ucciso, e tutti quelli che lo avevano seguito si dispersero. Per quanto riguarda il caso di oggi, ecco quel che vi dico: non occupatevi più di questi uomini, lasciateli andare: perché se la loro pretesa e la loro attività sono cose solamente umane scompariranno da sé; se invece Dio è dalla loro parte, non sarete certamente voi a mandarli in rovina. Non correte il rischio di dover combattere contro Dio» (At 5,35-39). Che dite, la storia ha dato ragione a Gamaliele? Ciò è segno che lo Spirito di Dio può donare la sapienza e i suoi doni a tutti e generosamente, senza far distinzione di nazione, razza, popolo o lingua.

sempre più felici, più fortunati di noi[126]. In realtà, piccole o grandi, inattese o preannunciate, le croci arrivano per tutti. Ce le manda Dio? Cercatori di Dio, non siate accecati dal vostro dolore! Dio non è mai per la sofferenza, ma al mistero della sofferenza dà una risposta: si carica sulle spalle quella croce, per trasformarla, per renderla, come dice Cristo nell'Apocalisse, una cosa nuova (cfr. Ap 21,5)[127].

Nei vangeli stessi si trovano diverse perle – spesso dimenticate – di Gesù in merito a questo discorso: «Nel

---

[126] Questo varrà ancor di più per chi fosse stato colpito dal batterio della Quattrite!

[127] Breve inciso sull'Apocalisse per proseguire nelle note sulle *chiavi di lettura bibliche* che abbiamo affrontato negli ultimi capitoli. Tra i libri del Nuovo Testamento, l'Apocalisse è quello che più facilmente si presta a cattive interpretazioni. Questo per un errore di fondo: credere che il contenuto di questo libro riguardi la rivelazione delle cose future. Nulla di tutto ciò. L'*Apocalisse* (dal greco, = *rivelazione*) fu forse il primo libro scritto da San Giovanni, con un linguaggio ricco di simbologia e numerologia propria di alcuni testi biblici (ad esempio il Libro di Daniele e alcune pagine dei profeti), per parlarci della piena rivelazione di Dio nella pienezza di Tempi. E ciò quando è accaduto? Ovvio, con la venuta di Cristo: è lui l'Agnello immolato che sconfigge il drago a 7 teste (i 7 vizi capitali, le nostre 9 malattie spirituali) e porta alla discesa della nuova Gerusalemme Celeste, quella dei cuori e delle vite di migliaia di cercatori di Dio che da Abramo, padre di questa moltitudine immensa, si è dipanata nella storia per mai arrestarsi, se non il giorno in cui Cristo, Signore del tempo e degli spazi, della storia e dell'Universo, tornerà per la fine del mondo. Ma la rivelazione è già in atto e continua a rinnovarsi ogni volta che un cercatore di Dio, a qualunque nazione, razza, popolo, lingua appartenga (quattro caratteristiche, come i quattro punti cardinali per indicare che la salvezza è rivolta a tutti e non ha confini) accoglie la Parola del Grande Libro (la Bibbia), per permettere la caduta della Babilonia peccatrice che è in lui e la piena venuta di cieli nuovi e della terra nuova: è la stravolgente novità del Risorto.

mondo troverete dolori. Coraggio però! Abbiate fiducia: io ho vinto il mondo!» (Gv 16,33)[128]

Come sottolineano unanimi gli evangelisti, nella passione di Cristo si attuano i *Canti del servo sofferente* tracciati con stupenda lucidità da Isaia: «Egli ha preso su di sé le nostre debolezze, si è caricato di tutte le nostre sofferenza» (Is 53,4).

Tutti vorremmo scansare la sofferenza gratuita, è tanto chiaro quanto di buon senso. Tuttavia ostinarsi a fuggire dalle croci che ormai segnano il nostro momento presente è persistere sulla sola via del dolore. Abbracciare invece quella croce, guardarla in faccia, entrarci dentro, è scoprire la forza di Cristo che la porta con noi e la trasforma. S. Agostino esortava in un suo sermone: *"Credi nel crocefisso, perché la tua fede possa elevarsi fino alla croce. Non verrai sommerso, ma sarà la croce a portarti".* Charles De Foucauld, un santo spezzato ad ogni carità e che attraversò molte sofferenze nella sua vita, confidava: «Più abbracciamo

---

[128] Lo stesso Giovanni nella sua prima lettera aggiunge un elemento importante su questa *vittoria sul mondo:* «È la nostra fede che ci dà la vittoria sul mondo. Solo chi crede che Gesù è il Figlio di Dio può vincere il mondo» (1Gv 5,4). Ma che si intende con *mondo?* Gesù stesso dice ai suoi che non devono essere del mondo, che la pace che Egli dona non è la pace del mondo... Risponde sempre l'acuto San Giovanni (il discepolo che più è stato vicino al Maestro e che ha speso una intera vita per meditare nel suo cuore tutto quello che aveva vissuto in tre intensissimi anni a fianco del Nazzareno): «Questo è il mondo: voler soddisfare il proprio egoismo, accendersi di passione per tutto quello che si vede, essere superbi di quel che si possiede. Tutto ciò che viene dal mondo, non viene da Dio Padre. Il mondo però se ne va, e tutto quello che l'uomo desidera nel mondo non dura. Invece chi fa la volontà di Dio vive per sempre. Se uno si lascia sedurre dal mondo, non vi è più posto in lui per l'amore di Dio Padre» (1 Gv 2,15-17) *Nota:* ricordate l'onorata setta delle "Tre P"? (Vedere nota 70). Tale setta ne è la piena espressione, al pari di tutto ciò che alimenta, sostiene e contribuisce alla causa dei nove virus letali da noi ampiamente presi in esame.

la Croce, più stringiamo strettamente Gesù che vi è appeso»[129].

Perché, cercatori di "effetti speciali", in ultima analisi la straordinaria grandezza di Dio è proprio questa: la sua capacità di trasformare l'opera del male, frutto della debolezza nostra o altrui, in qualcosa di buono.

---

[129] Penso che arrivare a vivere questo possa essere solo una grazia, un dono dello Spirito. Chiedo perdono a chi sta, in questo momento della vita, portando una croce pesante e avverte queste parole come qualcosa di impossibile, quasi come una presa in giro o un esercizio di retorica. Forse non dovremmo nemmeno parlare di sapienza della croce, perché la croce non è qualcosa di cui si parla, ma che si può solo vivere e, forse, in parte condividere con la vicinanza. Vorrei in questo senso riportare le parole di Papa Francesco in merito alla sofferenza e al dolore: *«Il dolore è dolore, ma vissuto con gioia e speranza ti apre la porta alla gioia di un frutto nuovo. La Chiesa ci dice quale dev'essere l'atteggiamento cristiano: gioia e speranza insieme. E così la gioia fa forte la speranza e la speranza fiorisce nella gioia. Nella vita questa gioia e speranza non sono un carnevale: sono un'altra cosa, anche il dover affrontare le difficoltà. L'immagine che usa il Signore è la donna quando è arrivata l'ora del parto. Sì, la donna, quando partorisce, è nel dolore perché è venuta la sua ora; ma quando ha dato alla luce il bambino, non si ricorda più della sofferenza. Ed è proprio quello che fanno la gioia e la speranza insieme, nella nostra vita, quando siamo nelle tribolazioni, quando siamo nei problemi, quando soffriamo. Questa immagine del Signore ci deve aiutare tanto nelle difficoltà, anche quelle brutte, cattive che anche ci fanno dubitare della nostra fede. Ma con la gioia e la speranza andiamo avanti, perché dopo questa tempesta arriva un uomo nuovo, come la donna quando partorisce. E questa gioia e questa speranza Gesù dice che è duratura, che non passa. "Così anche voi, ora, siete nel dolore" sono le parole di Gesù ai discepoli riportate dal Vangelo. Ma li rassicura subito: "Ma vi vedrò di nuovo e il vostro cuore si rallegrerà e nessuno potrà togliervi la vostra gioia". La gioia umana può essere tolta da qualsiasi cosa, da qualche difficoltà. Ma questa gioia che il Signore ci dà, che ci fa esultare, ci fa innalzare nella speranza di trovarlo, questa gioia nessuno la può togliere, è duratura. Anche nei momenti più bui».*

[Papa Francesco, meditazione mattutina nella cappella della Domus Sanctae Marthae, Con gioia e con speranza, 6 maggio 2016].

Far germogliare fiori nel deserto, far scaturire acqua dalla roccia, far nascere vita dalla morte[130].

Simon-Pietro lo testimonia più volte: «Affidate a Dio tutte le vostre preoccupazioni, perché Dio ha cura di voi. Dopo che avrete sofferto per un po' di tempo, Dio vi darà pace. Da Lui viene ogni grazia... perciò Egli renderà saldi i vostri cuori e vi metterà su solide fondamenta» (1Pt 5,7.10). E ancora, a ribadire ciò che ha sperimentato in prima persona: «Siate contenti di partecipare alle sofferenze di Cristo, perché così potrete essere pieni di gioia anche quando Egli manifesterà a tutti gli uomini la sua gloria» (1Pt 4,13).

Paolo, agganciandosi a questo discorso, arriva persino a cogliere il valore nascosto nella sofferenza che la vita, mai giusta, ci impone tra una piega e l'altra dell'esistenza: «Sono lieto delle sofferenze che sopporto per voi e completo nella mia carne ciò che manca ai patimenti di Cristo, a favore del suo corpo, che è la Chiesa» (Col 1,24). Il grande insegnamento che ci dà Paolo, sulla scia del Cristo Crocefisso e Risorto, è dunque questa: <u>offrire</u> quella sofferenza, quella pena, quella croce che stiamo portando. Offrirla per noi stessi, per la nostra guarigione spirituale o, meglio

---

[130] San Francesco ha dato un nome assai particolare a questa azione invisibile ma grandiosa di Dio: *perfetta letizia*. Il termine, al primo impatto, può suggerire dell'altro (tipicamente quell'alone di «vogliamoci tutti bene» che, diciamocelo, annacqua la fede dei nostri gruppi per ridurla solo ad una questione di buoni sentimenti). In realtà la *gioia perfetta* cui allude Francesco è la stessa cui rimanda Gesù quando dice di essere perfetti come il Padre celeste (si veda il capitolo dedicato alla cura dell'Unite). È proprio la cura della perfetta letizia l'efficacissimo rimedio per sradicare velenosi germi (come quello della Duite e della Quattrite): trasformare la nostra ristagnante melanconia in sguardo di gioia, le ferite del male in una laude a Dio, una finestra che si chiude in una porta che si apre altrove, l'insuccesso in un trampolino per saltare ancora più in alto.

ancora, per qualcuno che portiamo in cuore o che ha, a sua volta, un'altra croce da portare.

Immenso può essere il valore di una preghiera accompagnata da una croce offerta: essa da spina si sta già trasformando in fiore per qualcuno. «Chi semina nel pianto mieterà nella gioia» (Sal 126 [125],5): il sapiente salmista annotava questo già prima della venuta di Cristo, al pari di uno dei profeti che intuì la novità che avrebbe portato il Redentore: «Così dice il Signore: Io cambierò il loro lutto in allegria, li consolerò per le loro afflizioni e li riempirò di gioia» (Ger 31,14).

E così pure Gesù, vincitore sul mondo, conferma tutto questo: «Vi assicuro: voi piangerete e vi lamenterete, il mondo invece farà festa. Voi vi rattristerete, ma poi la vostra tristezza diverrà gioia» (Gv 16, 20), aggiungendo poi un paragone estremamente efficace sulla sofferenza e il suo superamento: «Una donna che deve partorire, quando viene il momento, soffre molto. Ma quando il bambino è nato, dimentica le sue sofferenze per la gioia che è venuta al mondo una creatura. Anche voi sarete tristi, ma poi voi vi rallegrerete e nessuno toglierà la vostra gioia»[131] (Gv 16, 21-22).

Dunque, per riepilogare: «Se voi fate il bene e sopportate con pazienza le sofferenze, allora è una

---

[131] Osserva: la donna partoriente non fugge dal dolore. Conosco madri e ragazze-madre che hanno provato un grande dolore spirituale nel portare avanti una gravidanza difficile. Eppure non l'hanno evitata, hanno abbracciato quella croce: in loro si è vista realmente compiersi questa Parola di Dio. Se fossero fuggite da questo dolore con una scelta contro la vita, credete davvero che il loro dolore avrebbe avuto lo stesso epilogo? Non si tratta di fare i facili moralisti, si tratta di usare il buon senso, amici cercatori, il buon senso di Dio. A chi sceglie la via del bene (a volte stretta, ripida, cosparsa di croci), Dio riserva un futuro con un bene ancora più grande. Dio arriva a chiamare queste persone "beati" (si veda il cap. 5 di Matteo), dite che è una mera illusione?

grazia di Dio»[132] (1 Pt 2,20). A questo possiamo aggiungere – immensa cura per la nostra infermità spirituale, abbia il nome della Duite o un qualunque altro nome – l'offerta della croce, come "tocco del maestro" su un legno vecchio e pure sofferente: «Se qualcuno è in difficoltà, io soffro con lui. Se qualcuno è debole nella Fede, io sono tormentato con lui. Se proprio bisogna vantarsi, io mi vanterò della mia debolezza... perché è quando sono debole che allora sono veramente forte» (2 Cor 11,29-30; 12,10).

È proprio da qui che si scopre il vero volto dell'umiltà: nel ricapitolare in Dio tutto ciò che siamo. Debolezze e carismi, miserie e punti di forza: in Lui tutto può acquistare un sapore nuovo, anche doti nascoste possono venire valorizzate dal suo sguardo.

Si scopre allora che *Sapienza della Croce* e *umiltà* sono intrinsecamente legate, come due facce di una stessa medaglia[133]. Nello scendere nella profondità della croce si scopre l'Amore del Risorto, che tutto rinnova. Non solo la croce è trasfigurata, ma possono pure emergere quelle capacità che tenevamo ben nascoste nel buio del sepolcro, avvolte nel sudario della nostra presunzione,

---

[132] Una nota doppia su questo prezioso versetto. a) È l'*impazienza* una delle prerogative della contaminazione da Duite. Ma non è di certo l'unico germe che la stimoli (si pensi alla Settite e alla Unite!) Il mondo d'oggi soffre molto di epidemie di impazienza. b) Sulle sofferenze che derivano dal cercare di perseguire il bene e la verità, Padre Andrea Gasparino adotta una espressione assai sapiente: «Ogni volta che c'è una croce ben accetta, c'è una immensa benedizione di Dio sul capo di quella persona». Hai guardato, amico lettore, se vedi qualcosa sul capo del *povero di turno* di casa tua? Guarda bene, anche con gli occhi della fede, mi raccomando: potresti trarne un inaspettato beneficio anche tu!

[133] Sai che diceva S. Agostino a proposito del modo per raggiungere Dio? Il Vescovo cercatore di Dio tracciava tre vie: «La prima via per giungere a Cristo è l'umiltà. La seconda è l'umiltà e la terza è ancora l'umiltà».

chiuse dal pesante masso dell'arroganza. Questa la voce, questo il canto che si alza da parte di chi ha compiuto questa scoperta: «Io sono ciò che sono, per grazia di Dio»[134] (1Cor 15,10).

E allora, per tornare alle domande infuocate di tutti i cristiani boanerghes, mi sembra bello chiudere questo impegnativo capitolo condensando tutto quello si è detto sulla sapienza della croce, ancora con l'esperienza dell'Apostolo dal cuore spesso infuocato, Paolo: «Ho supplicato il Signore di liberarmi da questa sofferenza. Egli mi ha risposto: Ti basta la mia grazia. Nella tua debolezza si manifesterà la mia potenza in tutta la sua forza...» (2Cor 12,8-9).

**«Grande miseria è un uomo superbo,
ma più grande misericordia è un Dio umile.»**

S. Agostino

Spunti concreti

✓ Siamo verso la conclusione di questo cammino di preghiera (ma la preghiera non può certo conoscere una conclusione, né una totale compiutezza: aspetta sempre di essere scelta e

---

[134] Chi ancora non ha intrapreso la cura da Duite e non è arrivato a sperimentare questa scoperta, troncherà di netto questa frase, limitandosi a: Io sono ciò che sono. I casi più gravi si fermeranno addirittura a Io sono, in un evidente, manifesto delirio di onnipotenza. *Nota:* Senza la luce della grazia di Dio il più bello dei giardini può trasformarsi assai rapidamente in un freddo deserto. Ma attenzione: lo Spirito di Cristo – dice la Bibbia – fa fiorire anche il deserto.

rinnovata). È giunto il momento di riscoprire una delle preghiere del cuore più stupende ma anche più difficili. È la preghiera del: *«Signore, cambia me!»* È la preghiera giusta a cui ricorrere quando qualcosa non va, quando gli altri ci deludono, quando le persone per cui abbiamo speso tutto, dato tutto, ci impongono un dispiacere (sono queste le croci più dure, quelle che ci giungono dalle persone alle quali vogliamo bene, che abbiamo generato, che ci hanno generato, che sono sangue del nostro sangue o amici così cari da considerarli come fratelli di sangue). Guarda la croce oppure, come fanno alcuni, stringila forte tra le tue mani[135], e ripeti più e più volte questa invocazione[136]. Non ci sono parole per descriverne

---

[135] La Comunità Ecumenica di Taizè, in Francia, svolge ogni venerdì l'adorazione alla croce. Intorno al simbolo più grande dell'Amore che unifica tutte le confessioni cristiane, ogni persona può non solo sperimentare l'universalità della preghiera (nella croce «non esiste più distinzione tra greco o giudeo, dato che lui stesso è il Signore di tutti, ricco verso tutti quelli che l'invocano» Rm 10,12), ma anche la concreta vicinanza con il legno della Croce: sulla grande croce di Taizè, stesa per terra, ognuno può avvicinarsi e appoggiare la sua fronte o le sue mani a quel legno e – se il gesto è compiuto con fede e abbandono (e non come mero "turismo spirituale") – esso può rimanere a lungo impresso nell'animo di chi lo compie. Attenzione: compiendo gesti simili (non occorre essere necessariamente a Taizè, si possono trovare altri momenti "forti" sul cammino di fede di ogni cercatore di Dio) Virus letali come quello della Duite potrebbero venire fortemente indeboliti!

[136] È una diretta applicazione della *terapia ruminante* di cui si era parlato diversi capitoli indietro. Il «Signore, cambia me!» può essere anche accompagnato dalla seguente preghiera del cuore: «Gesù Salvatore, Salvami!» o «Gesù, Figlio di Dio, abbi pietà di me peccatore!» È la preghiera che ripeteva il cieco Bartimeo (cfr. Mt 10,47), divenuta famosa nei Racconti di un Pellegrino Russo e diffusasi in particolare tra le popolazioni slave (ve la introdussero i primi evangelizzatori greci). Il succo di questa preghiera sta, appunto, nell'essere ripetuta giorno e notte nella mente, per far sì che scenda nel cuore accompagnata dalla Grazia di Dio. *Nota:* è parere diffuso tra i medici dell'anima che un solo

i frutti: in ciò che appare pazzia per il mondo, Dio manifesterà la sua sapienza e la sua gloria (cfr. 1 Cor 1,25).

✓ Un piccolo spunto sulla Parola di Dio che abbiamo continuato a scavare in questi capitoli perché essa inizi a scavare il nostro cuore: quando si legge un passo della Parola, alla fine è molto utile domandarsi: «Che cosa mi insegna questa Parola di Dio sull'amore? E cosa sull'umiltà?» Difficilmente troverai una Parola di Dio che non possa dare una risposta a queste due domande.

✓ La vera umiltà è riconoscere che tutto quel che siamo è opera di Dio[137]. Dedica (come già si era suggerito nel capitolo sulla cura dell'Unite) una parte cospicua della tua preghiera al ringraziamento. In particolare, ringrazia Dio per ciò che, per Grazia sua, tu sei e per ciò di cui tu disponi (i tuoi talenti). Passali in rassegna, uno per uno: chissà che nel disordine spirituale in cui tutti incappiamo, non salti fuori qualche dono dimenticato o poco usato? Apri il cuore alla lode per ogni volta che, nella tua «storia sacra», hai saputo fare buon uso di questi carismi, di queste qualità, di queste virtù[138].

---

quarto d'ora di questa preghiera del cuore aiuti molto i malati di Ottite, Unite, Duite e Seite (ma anche altri pazienti) a risollevarsi dai momenti di agitazione e a riportare la pace nel cuore.

[137] «Chi vuol vantarsi, si vanti per quel che ha fatto il Signore» (1Cor 1,31) è proprio questo lo spirito che anima il *Magnificat* (cfr. Lc1, 46-55 ma vedasi anche il magnificat dell'Antico Testamento, il Salmo 103[102]) e che dovrebbe attuarsi nella preghiera di ringraziamento che stiamo per esporre... *Attenzione*: il virus della Duite potrebbe subire, da ciò, un duro colpo!

[138] *«Storia sacra»:* correntemente chiamata «biografia», o anche «frazione della propria esistenza già trascorsa». Il termine «storia sacra» però aggiunge qualcosa di più: la costante presenza di Dio, che ti ha

✓ Quanto più si vuole progredire nella vita spirituale (sano e santo desiderio per cui ringraziare Dio) tanto più occorre rinnovare l'affidamento allo Spirito, perché scavi in noi (e con noi) le solide fondamenta dell'umiltà.

«Vuoi essere alto? Comincia dal più basso. Se pensi di costruire l'edificio alto della santità, prepara prima il fondamento dell'umiltà. Quanto più grande è la mole dell'edificio che uno desidera e progetta d'innalzare, quanto più alto sarà l'edificio, tanto più profonde scaverà le fondamenta. Mentre l'edificio viene costruito, s'innalza bensì verso il cielo, ma colui che scava le fondamenta scende nella parte più bassa. Dunque anche una costruzione prima d'innalzarsi si abbassa e il coronamento non è posto se non dopo l'abbassamento» (S. Agostino).

✓ L'ultimo spunto di questo capitolo è dedicato a Maria, maestra di umiltà. Guarda a lei non come ad una vetta irraggiungibile, né come a una divinità, ma come a una mamma che ha premura dei suoi figli e può, col suo comportamento, insegnarti qualcosa. Maria è stata, tra l'altro, discepola di Gesù e come gli altri si è dovuta mettere alla scuola di Dio. Forse non ne avrebbe avuto neppure bisogno, eppure anche lei ha

---

disegnato nel palmo della sua mano, che non ti ha mai abbandonato, che continua a rinnovare la sua fedeltà, che non si stanca di intessere di doni e di Spirito Santo la tua esistenza, anche quando tu non te ne accorgi o pensi l'esatto contrario (si veda a questo proposito il capitolo sulla cura della Seite). *Nota:* mettere saltuariamente per iscritto i propri doni e i propri talenti è una pratica che aiuta a tracciare con maggior chiarezza la propria storia sacra e a riconoscere quelle *invisibili orme di Dio lasciate sulle acque profonde* (e misteriose) del cuore dell'uomo (cfr. Sal 77 [76],20).

dovuto soffrire e imparare lo stile di Gesù. Faticando! Ma si è certamente guadagnata la stima dei Dodici: nei momenti salienti lei c'è[139]. E può essere parimenti presente nei momenti salienti della tua storia sacra, quando manca il vino dell'amore, quando c'è bisogno di fare Comunione in una comunità rotta da un tradimento o in una famiglia spezzata, o quando arriva l'ora della croce. Maria, maestra degli Apostoli e di tutti i cercatori di Dio, c'è. Pronta con noi a invocare lo Spirito, pronta a rimboccarsi le maniche, pronta a pregare per noi, nell'ora presente, della gioia o della prova che sia, e nell'ora finale, quella della risurrezione che ci porterà all'incontro finale con l'Altissimo.

---

[139] Ovviamente, Maria è presente alla nascita e in diversi episodi pure significativi dell'infanzia di Gesù narrati dall'evangelista Luca. Nei trent'anni di silenzio di Dio (Dio, come dice un mio amico, è intento a fare sgabelli... e insegna all'impaziente malato, affetto da Duite e non solo, a saper attendere), Maria serba tutto nel suo cuore, nel silenzio di Nazareth cresce con Gesù, in età, sapienza e grazia. La ritroviamo al primo appuntamento di Gesù sul palcoscenico del mondo: Cana di Galilea. E poi non la si sente più, se non di sfuggita, fino al momento dell'ultima Cena. Maria è lì, a fare Comunione con tutta la nascente Chiesa, già rotta da un tradimento, ma la sua presenza sembra quasi dire: il dodicesimo tradisce? Sostengo io il peso lasciato vuoto da questa colonna... E da quel momento non abbandona più suo figlio, il suo cuore pulsa col suo... sotto processo, sotto flagellazione, sotto il peso della Croce... se saldo è il cuore di Gesù, saldo resta il cuore di Maria... e se una lancia infine trafigge il cuore di Dio, una spada trafigge quella del primo dei discepoli, Maria. L'ora della croce è una sola, pure Maria la supera, e anche se i Vangeli non lo dicono, è assai probabile che la prima persona alla quale sia apparso il Risorto sia stata proprio lei, unita al gruppo delle "donne" che gli apostoli prendono poi per vaneggianti (!). Infine, sappiamo che Maria resta a dare forza a questi apostoli (vaneggianti le donne? Non certo impavidi gli uomini!), nel Cenacolo, fino all'avvento dello Spirito rinnovatore, che erompe nella vita degli impauriti seguaci per rendere saldo anche il loro cuore. Un riepilogo: lavoro silenzioso quello di Maria, ma a dir poco fondamentale.

Su forza, Ave Maria... e avanti!

«Ricordati, o Vergine Maria,
che non s'è mai udito al mondo che alcuno,
ricorrendo al tuo patrocinio,
implorando il tuo aiuto
e invocando la tua protezione,
sia stato da te abbandonato.

Animato da tale confidenza,
a te ricorro, o Madre, Vergine delle Vergini;
a te vengo e, peccatore contrito,
innanzi a te mi prostro.
Non volere, o Madre del Verbo,
disprezzare le mie preghiere,
ma benigna ascoltami ed esaudiscimi.
Amen.»

(Orazione efficacissima per ottenere da Dio
qualunque grazia attraverso Maria
– di S. Bernardo.
Molto utilizzata anche da S. Teresa di Calcutta)

Per il mondo e con il mondo

~Per combattere la Quattrite~

Fammi conoscere le tue vie, Signore;
insegnami il cammino da seguire.
Guidami con la tua verità, istruiscimi:
sei tu il Dio che mi salva.
Insegnerò agli erranti le tue vie
e i peccatori a Te ritorneranno

Sal 25[24],4-5; Sal 51[50],15

Dio!
Che facesti l'uomo a tua immagine e somiglianza,
per cui chi conosce sé conosce Te,
esaudiscimi, secondo il tuo modo a pochi noto.

S. Agostino

"Solo" un filo giallo

Un giovane monaco passò mesi in un monastero a tessere un arazzo insieme ad altri monaci. Un giorno s'alzò indignato dal suo scranno.

«Basta! Non posso andare più avanti! Le istruzioni che mi hanno date sono insensate! – esclamò – stavo lavorando con un filo giallo oro e tutto a un tratto devo annodarlo e tagliarlo senza ragione. Che spreco!»

E se ne andò.

«Figliolo – gli disse un monaco più anziano rincorrendolo – fermati! Tu non hai visto questo arazzo come va visto. Eri seduto dalla parte del rovescio e lavoravi solo in un punto.»

Condusse allora il giovane davanti all'arazzo che pendeva ora ben teso nel vasto laboratorio; il novizio rimase senza fiato. Aveva lavorato alla tessitura di una bellissima immagine – i Re Magi che rendevano omaggio a Gesù Bambino – e il suo filo giallo faceva parte della luminosa aureola intorno alla testa del Bambino.

Facciamo tutti parte di un disegno ben più grande la cui bellezza non vediamo forse mai per intero.

[Tratto da: Il libro degli esempi, Ed. Gribaudi, 1990]

Il punto di vista, sembra suggerirci il racconto, non è qualcosa di trascurabile. Le categorie mentali con cui siamo abituati a leggere la realtà non sono le stesse di tutti gli altri. Mai sperimentato?[140]

Ma c'è una cosa ancora più importante che il racconto ci trasmette: l'importanza del gioco di squadra, del

---

[140] Un semplice test: prendere una immagine con un fumetto muto o un personaggio stilizzato rappresentato in una certa posizione. Chiedete a persone differenti quale atteggiamento esprima secondo loro quel personaggio: difficilmente otterrete la stessa risposta... eppure si tratta *solo* di un disegno. Chi è affetto da Quattrite ben sa quanto siano importanti le sfumature; tuttavia non bisogna limitarsi a cogliere esclusivamente quelle dei propri sentimenti e della propria vita: per curare la Quattrite il paziente deve imparare anche a uscire da sé per incontrare quel che coglie e avverte l'altro, divenendo per lui appoggio e aiuto vero.

lavorare in unità. I solipsisti, pronti a sbottare di nulla, non sembrano poter fare molta strada. Eppure senza il loro contributo tutta l'opera perde qualcosa: tutti sono importanti per tessere il grande arazzo della vita. È qui che si innesta uno dei fatti più importanti del nostro vivere: la vocazione dell'uomo.

Potrà sembrare strano, eppure fino ad ora non abbiamo mai parlato esplicitamente di "vocazione". Ma la preghiera, a ben vedere, è tutta orientata lì: alla piena realizzazione dell'uomo[141]. La volontà di Dio, il suo farsi uomo, il suo far comunione con noi, son tutti orientati ad essa.

Il progetto di Dio nasce dai desideri profondi che abbiamo. Essi si manifestano nel grande arazzo in maniera sparsa. È come se lavorassimo sempre sul "retro" e vedessimo il filo giallo della nostra vocazione emergere solo a tratti. La preghiera ci allena a riconoscerlo, a seguirlo, a farlo diventare l'aureola d'orata intorno a Gesù[142].

La bellezza di questo disegno, però, si manifesta anche grazie alla presenza degli altri e, soprattutto, alla loro realizzazione. Se io sono una bella aureola intorno ad

---

[141] Vocazione al matrimonio, alla vita consacrata, alla vita comunitaria, ad un ordine secolare, ... Nessuna è di serie A o serie B, tutte puntano dritte a queste parole di Gesù: «Io sono venuto perché abbiano la vita e l'abbiano in abbondanza» (Gv 10,10). E se una persona trova il suo posto, sta già vivendo la dimensione del Regno di Dio, sta già contribuendo ad un mondo migliore (perché è come se fosse un ingranaggio al suo posto!) e sta attuando le parole di Santa Caterina da Siena: *«Se sarete ciò che dovete essere, infiammerete il mondo!»* (Nota: Riprenderemo questo tema, con maggior ampiezza, nel prossimo capitolo).

[142] *Sale della terra e luce del mondo* vi piace di più? L'aureola non è, per caso, proprio luce?

una testa di un mostro anziché di un bambino sorridente, dite proprio che è la stessa cosa?[143]

L'apertura al progetto degli altri e la collaborazione sembrano davvero indispensabili.

* * *

La desolazione delle api

Una notte un bosco prese fuoco. Quando le api, al mattino, si svegliarono, intorno a loro non c'erano che sagome nere di castagni e tigli bruciati.

«Che fare? – si chiesero sgomentate – dove prendere ora il nettare per la nostra regina? Che tristezza dover abbandonare un luogo tanto bello e tanto amato!»

Passò di lì un calabrone e disse loro: «Muovetevi! Scappate da questo luogo maledetto! Altrove ci sono boschi più ricchi e più belli di questo!»

E sparì. Era facile per quell'insetto parlare così. Lui era robusto e forte, poteva andare dove voleva. Ed era poi vero quanto raccontava? Il calabrone, tutte lo sapevano, era anche piuttosto dispettoso e fanfarone, quando voleva.

----

[143] Per taluni, malati cronici, non è la stessa cosa, ma potrebbe quasi essere meglio... In fondo, *mal comune mezzo gaudio.* Questo detto, tanto caro ai portatori di Quattrite, con Dio funziona assai poco: segna il fallimento del suo messaggio e il trionfo dell'invidia. La cura? Cercare Dio negli altri: «Tutto ciò che può avere un mio fratello, se non sarò invidioso, se amerò, è mio. Non lo posseggo personalmente, ma è mio in lui; se non fossimo in un solo corpo e sotto un solo corpo, allora non sarebbe mio.» (S. Agostino)

Subito dopo apparve una farfalla che, curiosa, era venuta a vedere l'incendio del bosco. Scorgendo le api così afflitte e preoccupate suggerì loro:

«Oltre quelle colline, c'è un gran prato pieno di fiori. Perché non vi spostate là, in fondo alla valle?»

Detto questo, sparì anche lei. Le api confabularono un po' tra di loro, ma non si decidevano a partire; erano troppo attaccate a quel luogo meraviglioso, a quei fiori e a quei profumi.

«Chissà cosa ci aspetterà laggiù? Una natura diversa, fiori ignoti, animali ostili...»

«Io ho paura!» diceva l'una.

«Anch'io» rincalzava l'altra.

«E poi siamo sicure di arrivare davvero dove ha detto la farfalla? E se ci perdessimo durante il viaggio?»

La regina che aveva udito il loro parlottio apparve sulla soglia dell'arnia:

«Che desolazione!» esclamò.

«È stato l'incendio!» commentò una.

«Ha distrutto tutto!» ribadì un'altra.

«No! No! — intervenne con mestizia la regina — mi riferivo alla desolazione dei vostri discorsi. Una cosa è certa: qui non possiamo restare.»

E si alzò nell'aria.

Tutte le si affiancarono in un unico volo.

In cielo, lo sciame viaggiò unito e compatto, le loro ali riuscivano quasi a sfiorarsi. Quando fu sulla valle si sparpagliò: ogni ape trovò il suo bocciolo tra i mille fiori della distesa di prati. La paura era svanita e con meraviglia notarono che quell'angolo di natura era ancora più bello dell'altro!

[Tratto da: Il secondo libro degli esempi, Ed. Gribaudi, 1993]

Le api, chiuse per anni nel loro cantuccio, alla fine son costrette a partire. Sembra la fine del mondo: è l'inizio di una nuova grande avventura. Così è la preghiera quando si apre verso altri orizzonti e porta il nostro alacre operare in mezzo ad altri campi, ad altri uomini dai mille colori.

Solo un'osservazione, amico lettore: hai notato la figura del calabrone? Appare inizialmente un po' irritante[144], eppure in fondo sembra che anche lui avesse ragione: dobbiamo stare sempre attenti alla trappola del facile giudizio. Spesso l'apparenza inganna.

---

[144] Gli affetti da Quattrite sono molto sensibili da questo punto di vista: come si è già detto, sono quelli che più colgono le sfumature dei comportamenti e può bastare davvero poco per corroborare la loro sfera emotiva. Insomma, se tanti ai loro occhi si comportano da calabroni, che dire del loro essere moschini?!? *Nota bene:* il germe della Quattrite è subdolo. La tendenza ad essere moschini sembra cosa da poco. In realtà, ad offendersi sempre per i consigli e i rimproveri degli altri, si rischia di rimanere tutta la vita in una foresta capace di trasformarsi in un luogo di desolazione, in uno spazio dove crogiolarsi nel dolore e nella malinconia, magari pure lamentandosi che «si è soli e nessuno ci aiuta!»

La preghiera che abbraccia il mondo

Gesù, alzati gli occhi al cielo, disse: «Padre, ho fatto conoscere il tuo nome agli uomini che mi hai dato dal mondo. Erano tuoi e li hai affidati a me ed essi hanno messo in pratica la tua parola. Ora essi sanno che tutte le cose che mi hai dato vengono da te. Anche le parole che tu mi hai dato, io le ho date a loro; essi le hanno accolte e hanno riconosciuto, senza esitare, che io provengo da te e hanno creduto che tu mi hai mandato.

Io prego per loro; non prego per il mondo, ma per coloro che mi hai affidato, perché ti appartengono. Tutto ciò che è mio appartiene a te, e ciò che è tuo appartiene a me, e la mia gloria si manifesta in loro. Io non sono più nel mondo; essi invece sono nel mondo. Io ritorno a te. Padre santo, custodisci nel tuo nome coloro che mi hai affidato, perché siano una cosa sola, come noi.

Quand'ero con loro, io conservavo nel tuo nome coloro che mi hai dato e li ho custoditi; nessuno di loro è andato perduto, tranne il figlio della perdizione, perché si adempisse la Scrittura. Ma ora io ritorno a te e dico queste cose mentre sono ancora nel mondo, perché abbiano in se stessi la pienezza della mia gioia.

Io ho dato loro la tua parola e il mondo li ha odiati perché essi non sono del mondo, come io non sono del mondo. Non chiedo che tu li tolga dal mondo, ma che li custodisca dal maligno. Essi non sono del mondo, come io non sono del mondo. Consacrali nella verità. La tua parola è verità.

Come tu mi hai mandato nel mondo, anch'io li ho mandati nel mondo; per loro io offro in sacrificio me stesso, perché siano anch'essi consacrati nella verità.

Non prego solo per questi miei discepoli, ma anche per quelli che per la loro parola crederanno in me. Fa' che siano tutti una sola cosa: come tu, Padre, sei in me e io in te, anch'essi siano in noi una cosa sola. Così il mondo crederà che tu mi hai mandato.

E la gloria che tu hai dato a me, io l'ho data a loro, perché siano come noi una cosa sola. Io in loro e tu in me, perché siano perfetti nell'unità e il mondo sappia che tu mi hai mandato e li hai amati come hai amato me.

Padre, voglio che anche quelli che mi hai dato siano con me dove sono io, perché contemplino la mia gloria, quella che mi hai dato; infatti tu mi hai amato ancor prima della creazione del mondo.

Padre giusto, il mondo non ti ha conosciuto, ma io ti ho conosciuto ed essi sanno che tu mi hai mandato. Io ho fatto conoscere loro il tuo nome e lo farò conoscere ancora, così l'amore con il quale mi hai amato sarà in loro e anche io sarò in loro».

(Gv 17,6-25)

Stupiti dalle parole di Gesù? Sono rare le occasioni in cui questo discorso unico tra il Figlio e il Padre viene letto e meditato. Invece credo dovremmo rileggerlo più spesso, ogni volta che ci sembra di vivere nella solitudine della fede, nello smarrimento di un'angoscia, nel crogiuolo di una acuta melanconia. Gesù pronuncia questa preghiera pochissimo prima di essere catturato. Sembra anzi addirittura che questa preghiera gli dia la forza per alzarsi e per andare incontro al suo destino[145].

L'evangelista Luca di questo discorso riporta solo una battuta, rivolta a quello che Gesù ha nominato capo della Chiesa: «Ho molto pregato per te, Pietro, perché tu sappia conservare la fede. E tu, una volta ravveduto, va e dà forza ai tuoi fratelli!» (Lc 22,32).

È bello pensare che Gesù, nel pregare per Pietro, abbia pregato anche per tutti i suoi successori e per tutta la sua Chiesa, fragile, umana, che ad ogni istante può cadere... ma ci sarà sempre Lui a tenderle la mano, magari pure a rimproverarla: «Perché non hai avuto fede?» Sarà il rimprovero di chi, pur condannando la mancanza, salva e continua a sostenere la mano, la tua mano[146], perché tu possa continuare nel compito di dare forza ai fratelli.

È davvero tenero nelle sue parole Gesù: a Pietro, che sta per tradirlo, dice già che si ravvedrà dal suo

---

[145] La preghiera è una cosa seria, più di quel che stentiamo a credete. I suoi frutti ci sono. Gesù lo sa, ed è per questo che ogni volta che deve affrontare un momento chiave della sua vita si ritira, guarda caso, in silenzio e in disparte a pregare (lo fa all'inizio della sua predicazione: ben quaranta giorni nel deserto; lo fa prima di entrare a Gerusalemme: sale sulla montagna a pregare; lo fa ritirandosi su una barca da solo prima di arrivare a Cafarnao e compiere il più importante discorso della sua vita, quello del "pane di vita"; lo fa ora, nel momento culminante della sua Passione).

[146] Un amico riflettendo una volta sulla famosa interrogazione che Gesù fa ai discepoli: «E voi, chi dite che io sia?» (Mt 16,15) mi fece notare come siano in molti quelli che rispondono che Gesù è il "loro amico". Un amico, tuttavia, se cammina con noi e noi siamo caduti nel fango e nelle sabbia mobili è probabile che ci sia finito pure lui... Con Gesù è così? No, Gesù è di più di un amico. È quell'amico che sta sulla riva e che può sempre gettarci un ramo o una corda perché noi l'afferriamo e ci tiri fuori.

errore[147]. Al Padre, mentre parla dei discepoli, confida che essi hanno accolto le sue parole e hanno riconosciuto che Lui è il Salvatore *senza esitare*. L'intero vangelo è cosparso di smentite a questo fatto[148], eppure Gesù sembra leggere tra le pieghe della vita più a fondo di noi, ben oltre l'apparenza dei discorsi e persino oltre l'agire concreto dei fatti. Gesù, in fondo, è l'unico in grado di guardare al cuore del nostro cuore e di dilatarlo. In particolare, di dilatare quel senso di eterno che da sempre è stato scritto in esso. Dilatarlo fino al punto di desiderare che noi *abbiamo tutta la sua gioia* e *vediamo tutta la sua gloria*.

Amico lettore che ti rintani nel tuo cantuccio[149], che magari hai pure assaporato il gusto della preghiera, del

---

[147] Facile, dirà qualcuno: Gesù legge nel futuro! Dove è finita, se no, l'onniscienza di Dio? La risposta è già stata data parecchi capitoli fa, a proposito di un Dio che sceglie di spogliarsi della sua grandezza e di farsi umile. Gesù sa quale è la vetta del suo cammino, sa qual è la sua missione, ma come uomo non sa *il modo* in cui essa si compirà: lo viene ad apprendere passo dopo passo, nella fatica, nelle delusioni, nelle sorprese. Dunque il caso di Pietro non è quello di un mago con la sfera di cristallo, ma è quello di un Maestro che crede fortemente nella capacità di bene che è racchiusa nel cuore del suo discepolo! (Si rimanda per maggiori approfondimenti, se necessari, al capitolo sulla cura della Seite).

[148] Parlo delle continue "figuracce", "asinate" e "mancanze di fede" o, ancora, degli "eccessi ingiustificati di zelo" di discepoli e apostoli; si veda quanto riportato nell'introduzione a questa seconda parte del libro.

[149] Forse l'ho già detto, ma è sempre bene ripeterlo: un cristiano isolato dal mondo, che tende al solipsismo perfetto, assomiglia più ad un monaco zen che ad un discepolo del Nazzareno. Con tutto il rispetto per chi sceglie di percorrere questa via e con buona pace dei malati di Quattrite, credo che Dio non sia venuto ad insegnarci l'annientamento dal mondo, ma piuttosto il modo vero di amare il mondo. *Nota alla nota:* anche una vita claustrale può essere una via per amare il mondo. Una monaca Passionista di clausura mi disse una volta: «Qui conosco il mondo meglio di quando stavo là in mezzo, di quando mi affannavo senza un attimo di respiro che mi permettesse di togliere il paraocchi che

silenzio e dello stare in pace con te stesso e con Dio, ricorda che anche tu sei Chiesa! Anche tu sei «per il mondo» come dice Gesù nella sua preghiera al Padre, e sei chiamato ad essere segno di questa *gioia di Gesù*, di questa *gloria del Padre*, di questa *unità* che si respira nella realtà trinitaria di Dio.

Questa chiamata di Gesù, questo desiderio di Gesù (che Gesù rivela essere anche il desiderio più profondo del cuore dell'uomo) non è un caso che vengano ripetuti durante l'Eucaristia[150], subito dopo la Consacrazione, quando il sacerdote (che in quel momento rappresenta Gesù) dice: «Ti preghiamo, o Padre, riunisci la tua Chiesa in un solo corpo.» È un filo diretto con le parole del Vangelo lette: «Fa' che siano tutti una cosa sola: come tu, Padre, sei in me e io in te, anch'essi siano in noi.»

E la conclusione che Gesù ripete ben due volte è da brivido: «In questo modo il mondo crederà che Tu, Padre, mi hai mandato». E il modo a cui fa riferimento Gesù è quello che si è appena detto: l'essere unità, l'essere comunione. In definitiva è questo il grande progetto di Dio che cavalca i secoli, la storia e l'intera Parola di Dio.

E se noterai, cercatore di Dio col cuore in gola, fin dalla Genesi lo si trova, quando «maschio e femmina creò l'uomo, a sua immagine e somiglianza lo creò» (cfr. Gen 1,27). A questo progetto Dio si affida dando tutto se

---

il mondo stesso mi imponeva… Ed è proprio per questo che ora, conoscendo tante cose del mondo, posso anche meglio aiutarlo: la mia preghiera arriva ovunque, arriva lontano…».

[150] Per una volta il nome più comune dell'Eucaristia, *Comunione*, è quello più azzeccato. La Preghiera di Gesù al Padre, l'invito di Gesù ai discepoli, il sogno di Dio e il desiderio profondo del cuore dell'uomo convergono tutti ad un unico punto: il fare Comunione, l'*essere Comunione*.

stesso e consegnandosi alle nostre mani: il mondo crederà in Dio solo se *noi* sapremo vivere la realtà di Dio nella nostra vita, nel nostro mondo così caotico e pieno di sfide, ma così bisognoso di unità, di amore-dono, di amore-comunione. Questa sfida potrà spaventare qualcuno; per questo ho detto che è da "brivido", perché è la <u>vera sfida della vita</u>: far emergere quel che davvero abbiamo scritto nel cuore del nostro cuore: che siamo a immagine e somiglianza di un Dio-Amore, di un Dio-comunione.

Se allora la profonda realtà di Dio è la comunione nell'amore ed anche l'uomo è chiamato a viverla, allora ognuno ha sua specifica vocazione da compiere, quella che maggiormente lo aiuta a valorizzare le proprie capacità e a spendersi meglio. Che tu sia padre di famiglia o sacerdote, religioso o consacrato secolare, mamma o suora di clausura, nubile o vergine consacrata, l'obiettivo resta unico pur con mezzi differenti: essere dono ed essere accolto come dono[151].

**«Se non potete essere un pino
sulla vetta del monte,
siate un cespuglio nella valle,
ma siate il miglior piccolo cespuglio
sulla sponda del ruscello.**

---

[151] *Il mondo* (vedi nota n.128) ci porta a ragionare su altre logiche, che sono sovente quelle della setta delle "Tre P": siamo cioè indotti a cercare di realizzare la nostra vita secondo il criterio del potere, del piacere, del possesso. La malattia spirituale che portiamo nell'anima inficia ulteriormente le nostre idee, rendendole spesso ondivaghe e instabili, oscillanti tra la logica del mondo e quella dello Spirito (anche lui, per fortuna, ogni tanto si fa sentire). Resta quanto mai attuale la riflessione del saggio cercatore di Dio che ripete: *«Molte sono le idee nella mente dell'uomo, ma solo il progetto di Dio resta»* (Prv 19,21).

**Siate un cespuglio, se non potete essere un albero.
Se non potete essere una via maestra,
siate un sentiero.
Se non potete essere il sole, siate una stella;
non con la mole vincete o fallite.**

**Siate il meglio di qualunque cosa siate.
Cercate ardentemente di scoprire
a che cosa siete chiamati,
e poi mettetevi a farlo appassionatamente.»**

Martin Luter King

Spunti concreti

- ✓ Pregare per la propria vocazione è importante. Lo si fa troppo poco o quando ormai è tardi. Bisognerebbe invece farlo con insistenza, averlo quasi come un chiodo fisso, per non lasciarsi vivere ma perché la nostra vita sia orientata dallo Spirito di Dio.

- ✓ Due sono le cose da chiedere in concreto: un costante allenamento al *discernimento* e al riconoscimento dei segni (ogni giorno lo Spirito ci manda dei segni... ma il più delle volte ci sfuggono) e il saper *fare memoria* (quando ci si volta indietro, in questo modo, tanti segni che da soli non avevano significato possono acquistare tutto un altro sapore, un po' come il filo giallo del racconto).

- ✓ «La vita è un sogno: fanne realtà» diceva Madre Teresa di Calcutta. Non rimanere perennemente ancorato alla dimensione del sogno e di quello che idealmente vorresti si compisse nella tua vita. Chiedi allo Spirito di darti uno stile concreto come quello di Dio, con le mani in pasta e pronto a tutto: se tu fai la tua parte, a darti le forze e le capacità per completare anche il resto penserà Lui[152].

✓ Pregare per la propria vocazione è pregare anche per la vocazione degli altri, e non solo di chi ci sta direttamente vicino. Il primo modo efficace in cui ciò si realizza è la partecipazione all'Eucaristia[153]; il secondo modo è quello della Liturgia delle Ore[154].

---

[152] Diversi i salmi che riprendono questa preghiera. Inutile dire quanto possano essere consigliati per la guarigione dalla Quattrite. Qualche esempio oltre quelli già citati all'incipit del capitolo: «Se mi trovo nell'angoscia, il Signore mi fa rivivere. Egli non abbandonerà l'opera delle sue mani.» (Cfr. Sal 138 [137], 7-8); «Te invoco, o Dio e il Signore mi salva. Getta nel Signore il tuo affanno, ed Egli ti darà sostegno.» (Sal 55[54], 17.23); e ancora: «Con Dio noi faremo prodigi e saremo vincitori: Egli calpesterà i nostri nemici» (Sal 60[59],14). E sono certo che, con il prossimo spunto pratico che segue, potrai trovare ogni giorno il salmo che fa per te. *Nota Bene:* Dio calpesta i nostri nemici? Non dovevamo porgere l'altra guancia?!? No, contro i virus che attaccano e indeboliscono mortalmente la nostra vita non bisogna avere riguardi... la misericordia è da usare con gli altri malati, non con le malattie!

[153] Hai mai provato, nel momento in cui ricevi Gesù Eucaristia, a pregare con il "noi" anziché con l'io? In fondo Cristo si è appena donato a te e a tutto il popolo di Dio. In Cristo siamo in tanti a formare un sol corpo, prova a pensare di esserne parte, sicché la sofferenza del mondo è anche la tua, la gioia del mondo è anche la tua. Da unire a Cristo, pane spezzato per il mondo. E perché non chiedergli di essere anche tu *pane spezzato sulla mensa degli uomini*...?

[154] Essa è l'occasione per *pregare per il mondo e con il mondo*. Pensa ogni giorno a tutti i conventi e i monasteri sparsi sulla faccia della Terra da cui si innalza alle varie ore della liturgia una preghiera a Dio! Con la preghiera salmodica ciascuno di noi ha la possibilità di fare parte di questa preghiera universale e di offrire il suo contributo. Si trattasse di scegliere anche solo uno degli appuntamenti della giornata (le Lodi piuttosto che la Compieta, l'Angelus piuttosto che l'Ora Media) hai la possibilità di pregare con tutta la Chiesa e tutto il Popolo di Dio, per essere cosi «un cuor solo e un'anima sola» (S. Agostino).

✓ La preghiera desidera al suo interno sempre *equilibrio*: non ci deve chiudere in noi stessi, non ci deve fare fuggire da noi stessi[155]. Chiedi allo Spirito la sapienza per dosare preghiera personale (silenziosa, contemplativa) e preghiera comunitaria (Liturgia delle Ore, preghiere di lode o di supplica in gruppi, l'Eucaristia).

✓ Uno spunto per rendere concreta la tua vita di preghiera può essere quello del "Cristo senza mani". A Genova, nell'antica chiesa di San Pietro alla Porta (in Piazza Banchi), vi è una statua molto particolare: è la statua di Gesù Cristo ma con le mani e i piedi mozzati. A suo fianco vi si trova questa targa:

**«Cristo non ha mani,
ha soltanto le nostre mani
per fare oggi le sue opere.**

**Cristo non ha piedi,
ha soltanto i nostri piedi
per andare oggi agli uomini.**

**Cristo non ha voce,
ha soltanto la nostra voce
per parlare oggi di sé.**

---

[155] Se della manifestazione del germe della Quattrite si è già parlato ampiamente in questo capitolo (tendenza immediata, da parte dei contagiati, a chiudersi in se stessi fino a crogiolarsi nella malinconia. Una sguardo aperto sul mondo è ciò che ci vuole per combatterla efficacemente), di fughe e fuggitivi si è largamente parlato nei primi capitoli a proposito di chi è affetto da Treite e pure da Novite. (La fuga non va mai sottovalutata, specie nel servizio e nel cammino di comunità. Tutti ne possono essere pericolosamente affetti: occorre un'attenta vigilanza).

Cristo non ha forze
Ha soltanto le nostre forze
Per guidare gli uomini a sé.

Noi siamo l'unica Bibbia
Che i popoli leggono ancora.
Siamo l'unico Vangelo scritto
In opere e parole.»

Epilogo

~Frustazioni versus Frutti~

**Non uscire fuori, rientra in te stesso:
è nel profondo dell'uomo che risiede la verità.
E se scoprirai mutevole la tua natura,
trascendi anche te stesso.
Tendi là dove si accende la stessa luce della ragione.**

S. Agostino

Ma nel nome del Signore li ho sconfitti!

Sal 118 [117]

Al termine della lezione di volo

«E così, prode guerriero forte come l'aquila e astuto come il serpente, alla fine ce l'hai fatta!» a proferire queste parole era la voce del dio Vento, che accarezzava pungente le guance di Dedalo, atterrato sopra uno scoglio roccioso di fronte al grande mare che aveva attraversato.

«Solo in parte… Mio figlio è rimasto indietro…» Negli occhi del padre restato solo si scorgeva uno scintillio luminoso e certo non potevano essere i soli schizzi delle onde del mare, quello stesso mare che aveva accolto come culla eterna il corpo del suo avventato figlio. *«E la cosa più triste è che gliel'avevo pure detto… Ho cercato di stargli vicino… Ma ho fallito.»*

«Se sei qui non hai fallito – sussurrò la voce lieve del vento – che altro avresti potuto ancora fare?»

«Avrei dato la vita per lui... A me non restano molti giorni ancora, Icaro aveva tutta la vita dinanzi a sé!»

«Tutti compiamo delle scelte: lui ha fatto le sue...»

Dedalo non sapeva come replicare, gli sembrava di aver dato tutto. Si sfilò la struttura che reggeva le ali e iniziò a levare ad una ad una le piume d'uccello con cui aveva formato quello strumento che gli aveva permesso di conquistare la libertà... In ognuna di esse rivedeva le ore di lavoro, la paura del Minotauro, l'entusiasmo di Icaro, la gioia di capire che tutto ciò funzionava, l'amarezza di vedere che quelle stesse ali di cera consegnavano suo figlio alla morte...

«E che hai imparato da tutto questo, Dedalo?» chiese ancora la voce flebile mentre il sole ormai declinava all'orizzonte. Presto anche il vento sarebbe spirato.

Dedalo non sapeva che rispondere, perché di cose, in quei mesi, ne aveva apprese davvero tante. Poi, mentre l'ultimo raggio di sole si tuffava in mare, volle rispondere al dio che l'aveva sempre sospinto per tutta l'attraversata:

«A ragione posso ringraziare del nome che porto, perché ho imparato a conoscere le mie potenzialità, i miei limiti, i sentimenti che provo, le riflessioni che i fatti della vita suscitano in me. Ho imparato a conoscere chi sono senza presumere di più, e ho capito che il mio cuore, il cuore dell'uomo, è il più grande labirinto che ci sia, un immenso dedalo di cui alla fine ho conosciuto la pianta, il tracciato e la via...»

E si alzò, tenendo in mano l'ultima piuma che gli era rimasta. Il grande guerriero, non più alato, attraversò a piedi la grande altura che si tuffava nel profondo mare, giunse ai piedi del tempio del dio Apollo, il dio Sole, quel dio che gli aveva in qualche modo strappato suo figlio. Si chinò e con la piuma iniziò a tracciare dei segni sulla sabbia.

Mesi dopo, su quella stessa roccia, nei pressi di Delfi, si potevano ancora leggere queste parole:

ΓΝΩΘΙ ΣΑΥΤΟΝ.

Ossia: "Conosci te stesso".

* * *

Siamo qui non tanto per discutere i frutti di questo libro (che è stato un modo per permettere a chi scriveva in primis di mettersi in gioco, di guarire e di crescere mentre conversava con il lettore anche lui ammalato), ma piuttosto per stimare i frutti della preghiera.

Un amico sacerdote, di fronte alla frustrazione che ogni tanto sopravanza quando si continua a cadere sulla medesima debolezza, ripete sempre: «Può non bastare una intera vita per guarire... La sfida più grande è quella di capire che non possiamo bastare a noi stessi...» E aggiunge un consiglio, quello di immedesimarsi nella preghiera di Giobbe: «*Signore, io credo che tu puoi!*» (cfr. Gb 42,2)[156].

---

[156] Meriterebbe un adeguato approfondimento la vita di Giobbe, nostro fratello nella sofferenza e pure nel gridare a Dio le domande più profonde. Una su tutte, scottante e attualissima: «Se Dio è giusto, perché l'innocente soffre?» La domanda rimane senza risposta, perché la soluzione ai problemi della vita dell'uomo non sta in una sola sapiente

Un altro amico, un cercatore di Dio attento e ligio nell'ascolto della Parola di Dio, una volta si è preso la briga di contare il numero di volte in cui nella Bibbia ricorre questo invito da parte di Dio: *«Non temere, io sono con te, io sono per te!»* Sapete che numero ha trovato? 365. Non ho verificato, in fondo mi è sembrato subito un numero assai ragionevole e sapiente: è il numero dei giorni dell'anno. Visto che ogni giorno ha la sua pena e la sua croce, la sua lotta o la sua routine da affrontare, è bello sapere che Gesù non va mai in ferie e c'è sempre, pronto a ripeterci di non avere timore: Egli è con noi. *«Dio è per noi sicuro rifugio, aiuto infallibile in ogni avversità»* (Sal 46[45],2) E ci ha lasciato tre grandi strumenti per farci sentire la sua presenza e il suo aiuto. Li si è usati durante tutto il libro e mi permetto di riepilogarli:

a) La preghiera, ponte tra Dio e l'uomo;

b) I Sacramenti, presenza viva della sua Grazia;

c) Lo Spirito Santo, che ha dimora in noi (e in altri fratelli, tra cui i "fratelli maggiori" che ci tracciano un cammino: i santi).

Attraverso questi tre strumenti si realizzano le parole del profeta Neemia: *«Siamo nell'oscurità ma il Signore sarà nostra luce. Ci condurrà alla luce e noi vedremo*

---

risposta, ma viene dall'incontro diretto tra l'uomo Giobbe e Dio stesso. Dio anziché dare risposte pone altre domande a Giobbe, il quale si trova in forte difficoltà perché, ancora una volta, *lo stile di Dio* stupisce, e una nuova (autentica) *conversione* si mette in atto. Mite nelle azioni, focoso nell'animo, Giobbe riconosce il suo errore: avere preteso spiegazioni da un Dio che non conosceva veramente per quello che è: «Ti conoscevo solo per sentito dire, ora invece ti ho visto con i miei occhi» (Gb 42,5). Sono queste le parole che attestano che la preghiera è entrata nella vita di Giobbe e che la sua malattia spirituale ha trovato lo spiraglio della guarigione.

mentre ci salva» (Ne 8,10)[157]. Inoltre, con essi si compiono le promesse di Cristo di essere con noi fino alla fine dei tempi (cfr. Mt 28,20).

Aggiunge San Paolo: *«Dio mantiene le sue promesse e non permetterà che siate tentati al di là delle vostre capacità di resistenza. Nel momento della tentazione, <u>Dio vi dà la forza di resistere e di vincere</u>»* (1Cor 10,13). La vittoria che si realizza a cui si riferisce l'apostolo è quella sul peccato, ma ha pure un altro risvolto di luce: è la nostra libertà più piena che diviene capacità di essere dono e capacità di amare[158].

Questa vittoria è segnata dal sigillo dello Spirito Santo e dai suoi frutti (apri bene gli occhi, amico lettore, per scorgerli anche nella tua vita): *«Frutto dello Spirito è Amore, Gioia, Pace, Pazienza, Umiltà, Bontà, Fedeltà, Mitezza, Dominio di sé»* (Gal 5,22).

Guarda caso questi frutti sono proprio nove, come nove sono state le malattie che abbiamo esaminato e tentato di curare.

Se ancora le vediamo infestare il mondo e vorremmo che tutto il mondo cambiasse con uno schiocco di dita, ricordiamoci che Dio non è il genio della lampada, ma Colui che più di tutti rispetta la nostra libertà.

---

[157] San Pietro nella sua prima lettera riprende ampiamente questo tema del passaggio dalle tenebre alla luce. Le sue, ormai, sono parole di certezza: *«Egli vi ha chiamati fuori dalle tenebre, per condurvi nella sua luce meravigliosa»* (1Pt 2,9).

[158] Paolo Apostolo, come si è visto in vari capitoli, ha scavato a fondo nelle Scritture per comprendere la portata della venuta di Cristo (innanzitutto per la propria vita). A mo' di riassunto del suo studio sulla storia della Rivelazione (la storia di ogni cercatore di Dio) scrive: *«Siamo stati chiamati a libertà: tutta la legge trova la sua pienezza nell'amore»* (Gal 5,13.14).

Forse, allora, in ultima analisi, la sfida della preghiera, della carità, e della lotta contro le nove malattie spirituali sarà vinta se avremo veramente imparato a conoscere noi stessi e capito che il primo vero grande cambiamento è quello che parte dal nostro cuore.

**«Sii tu stesso il cambiamento
che vuoi vedere nel mondo!»**

Gandhi

E INFINE...

A cura di Andrea Macco & Enrico Ivaldi

La cura del Perdono

~Per combattere ogni malattia~

A conclusione del Cammino offriamo questo capitolo scritto... a quattro mani.

Riteniamo che il tema del Perdono – difficilissimo da trattare – sia tuttavia indispensabile perché mostra la potenziale grandezza dell'uomo confermata dalla richiesta che Cristo stesso fa a Pietro nell'invitarlo a perdonare sempre[1].

Anche a noi oggi chiederebbe questo, perché crede in noi!

In fondo, ogni uomo è chiamato ad un cammino segnato dalla Misericordia; prova ne è il gesto dell'imperatore Adriano che "perdona" colui che ha sbagliato[2]. Allo stesso modo lo sono i tanti gesti di chi – ferito gravemente – ha intimamente perdonato.

Riteniamo che il Perdono sia il "luogo" dove l'uomo esprime nel modo più alto la piena libertà, la bellezza interiore, la vera redenzione.

---

[1] Si veda Mt 18, 21-22.

[2] L'episodio è narrato in *Historia Augusta (De vita Hadriani)*; per quanto l'opera non sia sempre attendibile come fonte storica, è significativo il passo attribuito a Elio Sparziano che narra di come Adriano perdonò quel servo che tentò di ferirlo con una spada e di come lo affidò ai medici perché lo curassero (Historia Augusta, XII, 3-5).

**Come il cielo è alto sulla terra,
così è grande la sua misericordia su quanti lo temono;
come dista l'oriente dall'occidente,
così allontana da noi le nostre colpe**.

Sal 102 [103], 11-12

**Che cosa è la misericordia?
Non è altro se non un caricarsi il cuore
di po' di miseria altrui.**

**La parola "misericordia" deriva il suo nome
dal dolore per il "misero".**

**Tutt'e due le parole ci sono in quel termine:
miseria e cuore.**

**Quando il tuo cuore è toccato,
colpito dalla miseria altrui,
ecco, allora quella è misericordia.**

S. Agostino

La pietra

Un giorno un mendicante bussò alla porta di un ricco e potente signore e chiese la carità.

Ma il ricco non gli diede nulla e gli gridò con sgarbo: «Vattene! Vattene!»

Il povero non si mosse.

Allora il ricco andò in collera, raccolse da terra una pietra e gliela scagliò contro.

Il povero raccolse la pietra, la mise nella sua bisaccia e mormorò: «Porterò questa pietra finché non sarà giunta l'ora di vendicarmi in cui potrò lanciarla io contro di lui.»

E infatti quell'ora giunse.

L'uomo ricco commise un delitto. Fu spogliato di tutti i suoi averi e venne condotto in prigione.

Mentre il ricco camminava lungo la strada, incatenato e deriso, il mendicante lo incontrò e lo riconobbe.

Si fece avanti, tirò fuori la pietra dalla bisaccia e alzò il braccio.

Ma, dopo aver riflettuto un attimo, lasciò cadere a terra la pietra, esclamando: «Perché mai ho portato questa pietra per tanto tempo? Per nulla! Quando costui era ricco e potente suscitava la mia ira; ora suscita in me soltanto pena...»

[Liberamente interpretato da "I quattro libri di lettura
- Favole, fiabe e leggende" di Lev Tolstoj]

Ci sono offese che, riviste a distanza di tempo, mutano il loro valore. Una pietra sempre pietra rimane, ma lo sguardo che avevamo verso chi l'ha scagliata può mutare e farci apparire quella pietra come un peso inutile di cui avremmo fatto meglio a sbarazzarci prima. Nel racconto "Scrivilo sulla pietra" (in "A Volte Basta un raggio di sole", Ed. Elledici) Bruno Ferrero riporta di due uomini che compiono un viaggio nel deserto e quando uno riceve dall'altro uno schiaffo per una lite allora scrive sulla sabbia: "Oggi il mio amico mi ha dato uno schiaffo." Invece la volta che questi gli salva la vita scrive sulla pietra: "Oggi il mio amico mi ha salvato la vita". E questo perché – spiega lo stesso personaggio - "Quando qualcuno ci ferisce dobbiamo scriverlo nella sabbia, dove i venti del perdono possono cancellarlo. Ma quando qualcuno fa qualcosa di buono per noi, dobbiamo inciderlo nella pietra, dove nessun vento possa cancellarlo".

Spesso facciamo il contrario, ma l'abitudine a fissare le cose belle e buone sulla roccia della memoria e ad affidare al vento del perdono e alla sabbia della misericordia quelle che ci feriscono può innescare nella vita (nostra e degli altri) un circolo virtuoso che non solo spezza l'occhio per occhio che – come diceva Ghandi – rende il mondo cieco, ma un circolo che addirittura ci fa bene e che genera a sua volta altro bene.

* * *

Tutti nella vita riceviamo delle offese, dei pugni, delle delusioni, delle cose che ci fanno stare male. A volte hanno un volto ben preciso, a volte sono dovute alle complicate pieghe della vita, di quel sole che – come dice il Vangelo stesso – splende per tutti, per i giusti e per gli ingiusti. Ma di fatto, che sia per un motivo o per l'altro, quando avvertiamo il cuore profondamente ferito, può nascere dentro di noi il dubbio più atroce: che Dio non esista o, se esiste, che non ci abbia, in fondo, così a cuore[3].

---

[3] Germe pericolosissimo, mortale, forse più mortale di ogni altro batterio presentato in questo libro. Che tu te ne creda certamente immune, amico lettore? Attento a non essere proprio tu quello che viene contagiato!

Affrontare, accogliere, respingere, negare o superare offese e dolori: una grossa sfida! La si vorrebbe quasi sempre evitare, ma non si può. Ci si ritrova in campo anche senza averlo voluto. Ma a scendere in quel campo impantanato non siamo del tutto soli (anche quando ci pare d'esserlo). Risultano essenziali in questa partita tre fattori:

- il come siamo fatti;

- il come ci siamo preparati;

- il con chi affrontiamo l'offesa e il dolore.

Il racconto sopra presentato ci ha mostrato il *come prepararsi*: con un allenamento costante, una attenzione continua ai gesti, una custodia attenta dei pensieri. Il vigilare a monte porta ad avere un piano migliore del panico e della paura quando il nemico (generalmente agguerrito) arriva.

Chiariamoci: l'allenamento e la vigilanza non tolgono l'offesa, ma permettono di superarla più rapidamente e di avvicinarci in tempi più rapidi alla Cura delle cure: la Misericordia di Dio. Ad essa ci guida (ecco il terzo punto!) lo Spirito di Dio, a volte in maniera diretta, per esempio con il Sacramento della Riconciliazione e la Preghiera, a volte indiretta, servendosi di amici e persone che possono compiere gesti buoni verso di noi o che muovono gesti di riconciliazione e perdono verso di noi o con noi.

Ma il come siamo fatti è un fatto imprescindibile per raggiungere il Perdono. E Dio lo sa. È per questo che la sua Misericordia raggiunge tante persone in maniera così differente. Ognuno ha una debolezza diversa e Lui, Medico d'ordine superiore a qualsiasi altro medico, sa più di tutti cosa serve per ognuno. Basta lasciarlo fare, basta il nostro "consenso informale" a che Lui possa fare il suo mestiere[4]. Quello di medico che svela il vero volto di Dio: la Misericordia[5].

Su questo aspetto, che poi è il cuore di un intero cammino di guarigione[6] ritorneremo, dopo aver detto qualcosa sul primo punto, il come siamo fatti. E come esso condizioni il nostro avvertire e percepire le offese e, di conseguenza, la nostra capacità di dare perdono e di ricevere perdono[7].

Il meglio di ogni tipo... perdona

Il guarito dalla Unite deve operare due tipi di Perdono: il primo verso se stesso di non essere perfetto; successivamente saprà guardare con placida benevolenze le imperfezioni altrui. Si potrebbe opinare che questo vale per tutte le Malattie, ma in realtà non è propriamente così perché solo l'ammalato di Unite ha la percezione netta e certa di... aver bisogno di perdono

---

[4] Quante volte siamo noi quelli che vogliamo fare i medici e vorremmo, quasi-quasi suggerire noi la cura a Dio?!? Se così è, attenzione! Trattasi di manifestazioni e sintomi riconducibili scientificamente al batterio di cui alla nota precedente!

[5] *«La misericordia è il primo attributo di Dio. È il nome di Dio. Non ci sono situazioni dalle quali non possiamo uscire, non siamo condannati ad affondare nelle sabbie mobili».* [Papa Francesco, Il nome di Dio è misericordia, a cura di Andrea Tornielli, Edizioni Piemme, 2016].

[6] Se il batterio di cui sopra è il più terribile male spirituale che allontana l'uomo da Dio e da se stesso, creando il terreno fertile per tutti gli altri virus, la cura della Misericordia è la Cura delle Cure, quella in grado di annientare non solo questo batterio, ma il Male stesso!

[7] Le due cose solo talvolta vanno di pari passo: ci sono malattie che provocano una disfunzione – più o meno letale – di una sola delle due!

(perché non ha fatto il suo dovere); per questo il primo atto da persona guarita sarà accettare di perdonar...si.

Il guarito dalla Duite vivrà un rendimento di grazie cristallino e appagato per cui il perdono sarà solo una delle tante manifestazioni del suo amore gratuito. Prima forse perdonava perché, sentendosi cercato, passava sopra il male ricevuto; nel momento della guarigione, invece, il guarito dalla Duite perdona anticipatamente "sperando" che il perdono dato in modo così libero e spontaneo... converta *davvero* l'altro.

Il guarito dalla Treite sarà così lieto dei successi di tutti che non avrà più nessuna rivalità e, anzi, accetterà con gratitudine il successo di ognuno, perdonando (e nemmeno più pensando!) a coloro che si sono serviti di lui per i loro scopi; per lui più di tutti vale l'indicazione data da Don Bosco ai suoi ragazzi "vi voglio tutti con me in Paradiso": questa sarà la sua vera gioia!

Il guarito dalla Quattrite passerà ampiamente sopra a tutte quelle parole degli altri che – prima, quando era troppo ipersensibile – lo facevano sentire diverso e lo *obbligavano* a chiudersi nel suo mondo interiore; il perdono che un guarito da Quattrite sa dare indica la pacificazione dei suoi sentimenti e mostra agli altri uno sguardo di piena compassione che sa vedere e sensibilmente accogliere le loro deficienze.

Il guarito dalla Cinquite accoglierà senza precomprensioni le motivazioni che gli verranno presentate del comportamento e del pensare altrui; difenderà come sue le argomentazioni e compirà sempre più gesti concreti per esprime il suo perdono e la sua vicinanza benevolente, facendola diventare sempre più affettuosa perché ormai libera da ogni distacco per la precedente paura di essere coinvolto.

Il guarito da Seite perdona le offese senza problema perché non ha più paura del giudizio altrui, né di ripiombare nel dolore e nel malessere; sa che la sua azione è stata compiuta al meglio ed è serenamente certo delle scelte fatte. Spanderà su tutti la pace del Signore avendo continuamente ben presente a se stesso (e quindi agli altri) le opere meravigliose che si possono compiere.

Il guarito da Settite guarderà con attenzione a coloro che hanno bisogno di perdono, senza superficialità o desiderio di *lasciar perdere*; si coinvolgerà invece nelle opere di guarigione mettendo al servizio degli altri la sua spensieratezza diventata lettura attenta della realtà e si lascerà alle spalle quell'atteggiamento radicale di "scappare davanti all'impegno".

Il guarito da Ottite metterà al centro dei suoi interessi la Giustizia particolare e specifica che ognuno merita per cui non potrà condannare, ma si metterà in quell'atteggiamento *divino* di Dio che "tutto guarda e tiene nelle sue mani" (Sal. 10,14); non avrà più nemici da cui guardarsi, ma fratelli e sorelle da sostenere nel Cammino e accoglierà con riconoscenza ogni tentativo di aiuto nei suoi confronti.

Il guarito da Novite saprà finalmente esprimere pienamente la sua visione della realtà, non più in maniera irenistica, ma nella consapevolezza che solo una azione piena e costante conserva al cuore degli uomini la Pace della Riconciliazione; la sua vita diventa un inno di lode all'opera di Dio che vuole salvi tutti gli uomini.

Come si comprenderà bene nel proprio personale Cammino, attraverso le specifiche chiavi di lettura che il nostro animo è abituato a utilizzare, la Guarigione avviene nel momento in cui ci si accorge che si stanno guardando le cose con l'occhio di Colui che le ha create e si avrà la percezione piena di "essere dei Capolavori".

Per questo *guardare* con la Sua Misericordia si comprenderà finalmente in pienezza quella affermazione così semplice e radicale che Gesù fa quando parla di che cosa rende DAVVERO liberi: "la **Verità** vi farà liberi" (Gv. 8,32).

* * *

Il rischio del perdono

«Finché non accetto di essere un miscuglio di luce e di tenebre, di qualità e di difetti, di amore e di odio, di altruismo e di egocentrismo, di maturità e di immaturità, io continuo a dividere il mondo in "nemici" (i "cattivi") e "amici" (i "buoni"); continuo ad erigere barriere dentro di me e fuori di me, a diffondere pregiudizi.

Ma se ammetto di avere debolezze e difetti, di aver peccato contro Dio e contro i miei fratelli e sorelle ma che sono perdonato e posso progredire verso la libertà interiore e un amore più vero, allora posso accettare i difetti e le debolezze degli altri. Anche loro sono perdonati da Dio e possono progredire verso la libertà e l'amore; posso iniziare a vedere in loro la ferita che genera la paura ma anche il dono che posso amare e ammirare. Siamo tutte persone mortali e fragili ma siamo tutti unici e preziosi. C'è una speranza; tutti possiamo progredire verso una libertà più grande. Impariamo a perdonare... Quando perdoniamo, distruggiamo le barriere e ci avviciniamo agli altri...»

[Jean Vanier, La comunità, luogo del perdono e della festa
– cap. 1, Jaca Book, 2007]

Quando si perdona lo si può fare in differenti modi: qualcuno "perdona ma non dimentica", qualcuno lo fa con un gesto, un regalo o un abbraccio, qualcuno con una lettera o delle parole, qualcuno il prima possibile, qualcuno dopo che è passato del tempo. Quel che è certo è però che il perdono spezza, in qualche modo, la catena dell'occhio per occhio[8] e contribuisce invece a creare una umanità migliore, a creare un "noi stessi" migliore.

La comunità ecumenica di Taizè, in Francia, nella sua regola riporta questo passaggio:

«O Signore, per vivere Te in mezzo agli uomini, uno dei più grandi rischi da prendere è quello di perdonare, di dimenticare il passato dell'altro.»

Il rischio del perdono è il rischio di contribuire a una umanità nuova. Forse ci si pensa troppo poco relegando il miglioramento del mondo solo a quei sentimenti di generosità, di pace, di benevolenza, di accoglienza, di ascolto, di carità, di impegno fattivo che pure sono importantissimi, ma il perdono – forse perché, più di tutte le altre cose legato inseparabilmente all'Amore – può avere una efficacia superiore a tutte queste cose messe insieme[9]. Un'offesa non perdonata o mal perdonata, un rancore che cova può cancellare anni interi di generosità, impegno, benevolenza e accoglienza.

---

[8] "Occhio per occhio rende il mondo cieco" diceva Gandhi, come già riportato nel capitolo sulla cura per l'Ottite.

[9] Tanto più una cosa è difficile tanto più ci saranno benefici enormi. E non solo nel momento del su raggiungimento, ma già *lo sforzo per protendersi a raggiungerla* è un passo decisivo di guarigione per il cuore ferito, tuo e dell'umanità in generale.

Qualcuno potrebbe obiettare che il Perdono non sempre porta dei frutti concreti, che neppure è stato in grado di cambiare l'altro. È vero, ci sono cuori e situazioni così indurite dalle malattie spirituali di cui abbiamo parlato, o così ripiegate su se stesse che anche se si dichiarano per un istante pentite non hanno la forza di un vero cambiamento. Bisogna consegnare la persone e il perdono donato a Dio, perché Lui solo può. Lui solo può agire nella profondità del cuore, nelle pieghe delle giunture e delle midolla (con tempi che ovviamente non sono i nostri!) e far sì che il miracolo del cambiamento avvenga[10]. Non perché non si veda l'azione di Dio non si deve smettere di perdonare, ma seguendo quanto dice ancora la Regola di Taizè, bisognerebbe perdonare per Dio stesso, per la fede che si ha in Lui e basta!

«Perdonare e ancora perdonare, ecco ciò che libera il passato e immerge nell'istante presente. Amare è presto detto. Vivere l'amore che perdona, è un'altra cosa. Non si perdona per interesse, non si perdona mai perché l'altro sia cambiato dal nostro perdono. Si perdona unicamente per seguire Te.

In vista del perdono oserei pregarti, o Gesù, con la tua ultima preghiera: Padre, perdona loro, perché non sanno quello che fanno.

E questa preghiera ne farà nascere un'altra: Padre, perdona me, perché così spesso anch'io non so ciò che faccio. Fa' che sappia ricominciare sempre di nuovo a

---

[10] Suggerisce il gesuita e teologo Marko Ivan Rupnik: "Il Vangelo insegna che l'uomo cambia la sua vita, la sua mentalità, si converte al bene non perché viene sgridato, rimproverato, punito, ma perché si scopre amato nonostante sia peccatore."

convertire il mio cuore: per essere testimone di un avvenire.»

Jean Vanier ci conferma tutto questo con una lucidità disarmante, ribadendo la difficoltà che il perdono può creare ma anche il fatto che non bisogna per questo desistere, ma camminare in questo percorso giorno dopo giorno:

«Perdonare non è semplicemente dire a qualcuno che è in collera, che ha sbattuto la porta e che ha avuto un comportamento anti-sociale o "anti-comunitario": "Ti perdono. Perdonare è anche capire che cosa si nasconde dietro questa collera o questo comportamento anti-sociale, capire quello che le persone vogliono dire attraverso il loro comportamento. Forse si sentono rifiutate. Forse hanno l'impressione che nessuno ascolta quello che hanno da dire oppure si sentono incapaci di esprimere ciò che è in loro. Forse la comunità è troppo rigida o troppo legalista e fissata nei suoi modi, forse c'è anche una mancanza di amore e di verità. Perdonare è anche guardare dentro di sé e vedere che cosa bisognerebbe cambiare, anche ciò per cui bisognerebbe chiedere perdono e riparare. Perdonare è riconoscere di nuovo – o dopo una separazione – l'alleanza che ci lega con coloro con i quali non ci intendiamo bene; è aprirsi a loro e ascoltarli di nuovo. È dar spazio ai nostri cuori. Ecco perché non è mai facile perdonare. Anche noi dobbiamo cambiare. Dobbiamo imparare a perdonare, e ancora perdonare, e sempre perdonare, giorno dopo giorno. Abbiamo bisogno della potenza dello Spirito Santo per aprirci in questo modo».

[Jean Vanier, La comunità, luogo del perdono e della festa
– cap. 1, Jaca Book, 2007]

Lo stile del perdono

Sullo stile con cui Dio perdona (a questo stile dovremmo ispirarci anche se il nostro, di stile, rimarrà sempre differente e imperfetto rispetto al suo, ma non per questo meno autentico e non del tutto inefficace![11]) il suggerimento è quello di riprendere in mano i tanti passi della Bibbia e ancora più del Vangelo che mettono in mostra la Misericordia di Dio: dai bellissimi salmi di Davide (Sal 115[116]; 144[145]) alle pagine in cui si invita a confidare nella misericordia di Dio e i suoi benefici (Sir 2, 1-11), dalla grande parabola di Luca sul perdono (fatta di tre parabole, Luca 15) alla parabola sui debiti condonati (Lc 7, 40-50), dal discorso sul numero di volte che bisogna perdonare[12] (Mt 18,21-35) alla richiesta del Cristo di anteporre la misericordia ai sacrifici[13] (Mt 9,10-11), per venire agli

---

[11] Va detto che il Medico Capo usa spesso le mani dei suoi collaboratori per agire. E quando la mano trema, eccolo pronto a intervenire di persona. "Irrobustite le mani fiacche e rendete salde le ginocchia vacillanti. Coraggio! Non temete; ecco il vostro Dio!" (Isaia 35,3-4) e ancora: "Il Signore completerà per me l'opera sua." (Sal 137 [138]).

[12] Per noi uomini questo numero è limitato. L'uomo vive in una condizione di limite. Ma per Dio il perdono non ha limite, perché Egli stesso è illimitato, Egli stesso essendo Misericordia non può porre un limite al Perdono, se lo facesse vorrebbe dire limitare e snaturare se stesso. Come sottolinea un canto di Taizè: "Dio non può che donare il suo amore, Dio è tenerezza". E ancora, scriveva frère Roger, fondatore della comunità, nel 2001: "Dio non può che donare il suo amore e la sofferenza non proviene mai da lui. Dio non è l'autore del male, non vuole né la miseria umana, né le guerre, né i disordini della natura, né la violenza degl'incidenti. Condivide la pena di chi attraversa la prova e rende capaci di consolare chi conosce la sofferenza."

[13] Passo bellissimo già citato nel capitolo sulla cura alla Seite in cui il Maestro definisce se stesso medico. Che si mette a disposizione e in ricerca di tutti i malati. Solo chi si sente esente e immune da ogni malattia potrebbe sfuggire ad un incontro con Lui...

incontri di Gesù con centinaia di peccatori a cui rimette i peccati, a volte introducendo anche straordinari colpi di scena: quelle novità che solo il cuore di Dio può avere, il seme del miracolo, la cura che abbatte veramente la malattia. Un esempio su tutti la donna adultera (Gv 8,1-11). Lo avevamo già citato nel capitolo sulla cura alla Seite, lo rileggiamo ora da un altro punto di vista, lasciando a Papa Francesco – che della Misericordia ha fatto un cavallo di battaglia del proprio Pontificato e che su questo passo ha incentrato la bellissima Lettera Apostolica *Misericordia et Misera* – tratteggiare lo stile e il volto di Dio che appare da questo incontro.

Il perdono in una carezza

«La misericordia è qualcosa di difficile da capire: non cancella i peccati, perché a cancellare i peccati è il perdono di Dio. Ma la misericordia è il modo come perdona Dio. Perché Gesù poteva dire: ma io ti perdono, vai! Come ha detto a quel paralitico: i tuoi peccati sono perdonati! In questa situazione Gesù va oltre e consiglia alla donna di non peccare più. E qui si vede l'atteggiamento misericordioso di Gesù: difende il peccatore dai nemici, difende il peccatore da una condanna giusta.

Questo, vale anche per noi. Quanti di noi forse meriterebbero una condanna! E sarebbe anche giusta. Ma lui perdona! Come? Con questa misericordia che non cancella il peccato: è il perdono di Dio che lo cancella, mentre la misericordia va oltre. È come il cielo: noi guardiamo il cielo, tante stelle, ma quando viene il sole al mattino, con tanta luce, le stelle non si vedono. E così è la misericordia di Dio: una grande luce di amore, di *tenerezza. <u>Perché Dio perdona non con un decreto, ma con una carezza.</u> Lo fa carezzando le nostre ferite di peccato perché lui è coinvolto nel perdono, è coinvolto nella nostra salvezza.*

Gesù fa il confessore. Non umilia la donna adultera, non le dice: cosa hai fatto, quando l'hai fatto, come l'hai fatto e con chi l'hai fatto! Le dice invece di andare e di non peccare più: è grande la misericordia di Dio, è grande la misericordia di Gesù: perdonarci accarezzandoci».

[Papa Francesco, Meditazione mattutina nella cappella della Domus Sanctae Marthae, Lunedì, 7 aprile 2014]

* * *

Per-donare

Si potrebbero aggiungere molte altre cose sul Perdono, ma la prima cosa da fare per comprenderlo a poco a poco di più è riceverlo e donarlo. Con gesti di tenerezza, misericordia, ascolto, riconciliazione. Alimentandosi sempre da Lui, che ogni volta – immagine molto efficace di S. Agostino che già abbiamo usato nel capitolo sulla cura alla Cinquite – riannoda quel filo sottile che ci unisce alla Grazia divina facendo un piccolo nodo laddove si era spezzato: il filo in questo modo si accorcia e ci fa sentire un pochino più vicini al cielo. E ci dona anche uno dei frutti più belli che si possano desiderare, quello della *pace*. Non l'hai forse mai provata anche tu, amico cercatore di Dio, dopo che

247

sono state imposte su di te le mani del sacerdote accompagnate dall'assoluzione?[14]

Essendo tra le più belle parole che si possano sentire vogliamo porle anche a conclusione di questo ultimo capitolo perché possano far emergere costantemente *il meglio* di ogni Tipo, facciano divenire il perdono un *dono per...* (qualcosa e qualcuno), e siano quel silenzioso *accompagnamento* di cui c'è sempre bisogno per tutti noi che siamo in cammino, tra malattia e santità.

**«Dio, Padre di misericordia,
che ha riconciliato a sé il mondo
nella morte e risurrezione del suo Figlio,
e ha effuso lo Spirito Santo
per la remissione dei peccati,
ti conceda, mediante il ministero della Chiesa,
il perdono e la pace.**

**E io ti assolvo dai tuoi peccati
nel nome del Padre e del Figlio
e dello Spirito Santo».**

(Formula dell'assoluzione della Chiesa latina
nel rito della Riconciliazione)

---

[14] "Dio misericordioso fonte di ogni bene, guarda a noi che riconosciamo la nostra miseria e poiché ci opprime il peso delle nostre colpe, ci sollevi la tua misericordia" (Preghiera della Liturgia in occasione dell'accoglienza dei Catecumeni). Miseria umana e bontà divina si incontrano per dare voce alla misericordia come espressione di *liberazione totale.* Questo fa il gesto dell'assoluzione che la Chiesa ci dona "vivendo un desiderio inesauribile di offrire Misericordia" [Papa Francesco – Misericordiae Vultus].

GLI AUTORI

ANDREA MACCO è insegnante di Matematica e Fisica; si occupa di educazione giovanile a Scuola, in Parrocchia e all'interno del movimento Scout per il quale ha già pubblicato alcuni manuali. Con ZENITH BOOKS ha già pubblicato un libro sui Giochi Matematici a squadre (2017).

ENRICO IVALDI si occupa di Enneagramma fin dall'inizio degli anni '90 quando apparvero in Italia i primi libri tradotti; ha tenuto e tiene regolarmente incontri e lezioni sul tema in tutta Italia.